KB083246

힐링대화법

힐링대화법

초판 발행 | 2013년 05월 23일
지은이 | 이경애
펴낸곳 | 도서출판 새희망
펴낸이 | 조병훈
등록번호 | 제38-2003-00076호
주소 | 서울시 동대문구 제기동 1157-3
전화 | 02-923-6718   **팩스** | 02-923-6719

ISBN 978-89-90811-47-9   03320

값 6,000원

힐링대화법

이경애 지음

PART 3 부부간의 대화

PART 1
직장에서의 대화

가족이나 친구 사이의 대화가 친밀감을 높이는 것이라면 직장에서의 대화는 신뢰를 쌓기 위한 것이다. 신뢰가 없다면 부하직원은 의견이 있어도 상사에게 당당히 말하지 못할 것이고 상사는 부하직원에게 업무지시를 하기가 힘들 것이다. 결과적으로 개인의 잠재력은 묻히고 소통의 길은 막혀버린다.

직장에서 상사와 부하직원 사이의 대화가 원활해지면 무엇보다도 실적이 좋아진다. 의사표현이 자유로우면 감정적으로 편안한 가운데 창의적인 사고를 할 수 있기 때문이다. 따라서 직장에서의 원활한 소통을 위해서는 신뢰를 촉진하는 대화가 필수적이다.

001
대놓고 직언을 하지 않는다

직장에서 성공하기를 원한다면 결코 잊지 말아야 할 사실이 있다. 어떤 경우에도 대놓고 감정적으로 직언을 하지 말아야 한다는 것이다. 간혹 상사로부터 잘못된 지시나 부당한 요구를 받을 때가 있다. 게다가 내키지 않는 야근과 주말 근무까지 겹치면 인내심에 한계를 느끼게 마련이다.

그런 경우 대부분의 사람들은 스트레스를 받는다. 하지만 그 자리에서 바로 불만을 이야기하는 것은 바람직한 태도가 못 된다. 대부분의 회사는 바로 위의 상사가 부하직원의 인사고과를 매기는 시스템으로 되어 있는데, 그것은 사람을 평가하는 데 귀중한 자료로 쓰인다. 따라서 상사의 태도가 이해되지 않거나 다소 마음에 들지 않더라도, 대놓고 직언을 하는 것은 자칫 미운 털이 박힐 위험이 있다는 사실을 염두에 두어야 한다.

그렇다고 상사의 권한에 억눌려 비굴한 태도를 보이라는 이야기가 아니다. 불만이 있더라도 그 자리에서 바로 표현하지 말고, 긍정적인 반응으로 일단 그 고비를 넘긴 다음 기회를 보아 나중에 이야기하라는 말이다. 상사로서는 어떤 제안을 했을 때 부하직원이 그 자리에서 대들듯 따지고 든다면 기분이 언짢을 것이다.

치열한 경쟁과 강도 높은 업무에 시달리는 요즘 같은 때는 특히 더하다. 예컨대 갑작스러운 주말 근무가 필요할 때, 상사 입장에서는 어쩔 수 없이 거의 부탁조로 이야기를 한다. 저마다 개인적인 사정이 있게 마련이니 불만이 생기는 것은 당연하다. 그런데 부하직원 가운데는 참지 못하고 내쏘듯 이렇게 말하는 사람이 있다.

"부장님, 그건 너무 심하신 것 아닙니까? 계속 야근을 했는데 주말까지 나오라뇨?"

그 입장을 이해 못하는 바는 아니지만, 상사로서는 회사의 급박한 사정을 나 몰라라 하는 그 부하직원이 야속할 것이다. 상사도 그것이 부당한 일이라는 사실을 알고 있다. 그러면서도 대놓고 직언을 하는 사람보다 자신의 제안을 말없이 수용하는 사람에게 마음이 더 가는 것은 어쩔 수 없는 일이다. 물론 그 마음은 나중에 인사고과에도 영향을 미칠 것이다.

갑작스러운 상사의 요구를 자신에게 주어진 기회로 여겨 일단 부딪치고 보는 사람, 직장에서 원하는 인재는 바로 그런 사람이다.

002

그 자리에서 감정을 표현하는 대신
참고 기다린다

직장에 다니면서 때때로 공평치 못한 처사
에 울분을 느낀 적이 있을 것이다. 그럴 때마
다 부당하다는 표시를 하며 화를 내다가는, 신
중하지 못한 사람이라는 평가와 함께 덤으로
상사의 미움까지 살 것이다. 가령 아침 출근시
간에 지각을 해도 상사는 피치 못할 집안 사정
때문이라고 하면 그만이다. 하지만 나는 출근
시간 하나 제대로 지키지 못하는 불성실한 사
람으로 낙인찍힌다. 또 같은 실수를 저질러도
상사의 경우에는 '사람이 그럴 수도 있는 거
지' 하는 식으로 넘어가고, 내 경우에는 해서
는 안 될 실수를 한 것으로 간주된다.

생각하면 참으로 울화가 치미는 일이 아닐 수 없다. 하지만 직장은 안온하고 따뜻한 곳이 아니라 총알만 왔다갔다하지 않을 뿐 전쟁터나 마찬가지다. 항상 긴장한 채 살아가야 한다. 그런 가운데서 생존하려면 강한 정신력이 필요하다.

상사의 처사가 불공평하다고 생각될수록, 부당한 일을 당해 울분이 치솟을수록 감정적이 되면 안 된다. 참을 수 없다고 사표를 던지다가는 열두 번으로도 모자란다. 오히려 얼굴 표정을 차분하게 가다듬고 내일을 도모해야 한다. 상사도 인간인 이상 당연히 부하직원이 억울해할 것을 안다. 그러면서도 바쁘게 돌아가는 조직의 특성상 일일이 알은체하지 않고 넘어갈 뿐이다. 그러다 시간이 흐르면, 언젠가는 부하직원이 하고 싶은 말이 많았음에도 불구하고 참고 기다렸다는 것을 깨닫게 된다.

'참기 힘들었을 텐데, 정말 진득한 친구로군.'

비로소 진가가 발휘되는 순간이다.

직장이라는 조직에 계속 몸담기를 원한다면, 욱하는 감정으로 상사와의 관계를 망치지 말아야 한다. 그렇게 참고 견디다 보면 마침내 승리의 깃발을 흔들게 될 것이다.

출근하면 습관적으로 컴퓨터를 켜고 이메일을 확인하는 사람들이 있다. 거기서 그치는 것이 아니다. 그 다음에는 또 웹서핑을 하느라 귀중한 아침 시간을 그냥 흘려보낸다.

만약 상사가 부하직원의 그런 태도를 주의해서 보다가 지적을 한다고 치자.

"자네, 아침부터 일은 안하고 뭐하는 건가?"

"업무 관계로 뭐 좀 확인하고 있었습니다."

부하직원의 변명에 상사는 표정이 굳어진다. 뻔히 다 알고 있는 사실에 변명을 늘어놓으니 화가 난 것이다.

"번번이 개인 이메일 확인하고 웹서핑한다는 거 다 알고 있는데, 무슨 변명인가?"

부하직원의 입장에서는 억울할 수도 있다.

'일하기 전에 워밍업하는 기분으로 좀 그랬기로서니, 그걸 뭐 쫀쫀하게 참견하고 그래?'

상사가 좀 심하다고 생각할 수도 있다. 아무리 그래도 컴퓨터 몇 시간 만지는 것까지 간섭할 정도로 비인간적이라는 생각이 들 것이다. 하지만 가만히 생각해보면 상사는 고작 컴퓨터 몇 시간 만진 것 가지고 화를 낸 게 아니다. 황금 같은 근무시간에 이메일 체크나 하고 웹서핑이나 하는 그 여유만만한 태도, 그리고 뻔히 다 알고 있는 사실을 구구하게 변명하는 데 화가 난 것이다.

"죄송합니다. 일하기 전에 워밍업하는 기분으로 그랬는데, 다음부터는 조심하겠습니다."

자신이 생각하기에는 아무리 사소한 잘못이라도 상사가 그 일로 화를 낼 때는 즉시 사과하는 것이 상책이다. 상사는 어떤 형태든 회사에 손실을 끼치는 직원에 대해서는 나무랄 자격이 있다고 믿는다. 그런데 부하직원이 변명을 늘어놓으면 불쾌감을 느낀다. 그럴 땐 솔직하게 잘못을 시인하고 업무를 시작하는 것이 좋다.

실수를 깨끗이 인정하는 것이 상사로
서의 권위를 지키는 길이다

　　직장에서 직급이 높은 사람일 경우 자신의
실수에 대해서 보다 엄격한 잣대를 가지고 있
어야 한다. 아무리 사소한 실수라도 큰 영향력
을 미칠 수 있기 때문이다. 누구나 실수는 할
수 있다. 중요한 것은 실수를 하지 않는 것이
아니라 실수를 했을 때 어떤 태도를 보이는가
하는 점이다.

　　상사로서 업무상 어떤 실수를 하면 사실 부
하직원들 얼굴 보기가 민망하다. 자칫 기를 쓰
고 그것을 감추려고 할 때가 있는데, 그러다
보면 자기도 모르게 권위를 앞세우게 된다. 그
보다는 자기 잘못을 깨끗이 인정하는 편이 낫

다. 실수를 분명하게 인정하고 넘어가야 상사로서의 참된 권위를 지킬 수 있는 법이다.

"이번 일은 내가 잘못 생각했어. 앞으로는 이런 일이 없도록 조심하겠네."

상사에게 필요한 능력은, 권위를 지킴으로써 부하직원들로 하여금 주어진 일을 잘 해내도록 하는 것이다. 상사의 참된 권위는 실수를 감춤으로써 세워지는 것이 아니다. 아무리 감추려고 해도 결국 드러나게 된다. 그러면 상사로서의 권위를 잃는 것은 물론이고 야비해보이기까지 한다.

상사가 신은 아니다. 따라서 부하직원들로서도 모든 일을 빈틈없이 처리하리라 기대하는 것은 아니다. 오히려 상사가 자기 약점을 드러내어 반성하는 태도를 보일 때 신뢰감이 생긴다. 물론 그에 앞서 부하직원들 보기 민망한 실수 또는 잘못은 하지 않도록 조심해야 하지만.

　직장에서의 만남은 학교나 군대 등 다른 사
회에서의 만남과는 다르다. 친하다고 해도 겉
으로만 그럴 때가 많다. 속속들이 서로를 알기
도 힘들지만, 또 그런 것을 원하지도 않는다.
따라서 직장에서는 아무리 친해도 할 말 안할
말은 가려야 한다. 자칫하다가는 상대의 감추
고 싶은 자존심을 건드릴 수 있다.

　"결혼한 지 꽤 오래 된 것 같은데, 어째서 아
이가 없는 거지? 집안에서는 아이 울음소리가
나야 살아 있는 듯한 기분이 드는 건데."

　아이가 없는 속사정을 그 누가 알겠는가. 마
음먹고 가족계획을 하는 건지, 아니면 끊임없

이 시험관아기 시술을 해도 잘 안 되는 건지 알 수 없는 일이다. 물론 말하는 사람이야 관심의 표현으로 그런 소리를 했을 것이다. 하지만 아무리 선의를 가지고 한 말이라 해도 듣는 상대가 상처를 받는다면 역효과가 난다.

별명도 상대방이 듣기 싫어하면 부르지 말아야 한다.

"어이, 와이셔츠 단춧구멍!"

눈이 작다고 붙인 별명이다. 그것이 상대에게 콤플렉스가 된다면 삼가야 한다.

또한 잘한 것은 잘했다고 바로 말하는 것이 좋다. 농담하듯 뒤집어서 표현하면 오해할 수 있다.

"뭘 그렇게 빨리 해? 다른 사람이 보면 일에 미친 줄 알겠네."

친하면 예의를 차리지 않아도 되는 것으로 아는 사람들이 많다. 그러나 친할수록 예의를 갖추어 말하지 않으면 관계가 더 쉽게 깨진다. 농담삼아 상대의 약점을 건드리거나 화젯거리로 삼기를 즐기는 사람이 있다. 아무리 편안한 분위기에서라도 그런 말들을 쉽게 하고 그 화제에 동참하는 것은 삼가야 한다. 일단 입 밖으로 나온 말은 엎질러진 물 같아서 주워담을 수가 없다.

006

모든 일에는 흔들리지 않는 원칙이 있어야 한다

상사의 말이 부하직원들 사이에서 힘을 얻으려면 흔들리지 않는 원칙이 있어야 한다. 같은 사안을 두고 이랬다저랬다 하면, 부하직원들은 자기도 모르게 소극적이 된다.

'언제 또 변덕을 부릴지 모르니, 기다렸다가 천천히 해야지.'

부하직원들은 상사가 지시하는 대로 움직인다. 그런데 상사의 지시가 이랬다저랬다 일관성이 없으면 일의 체계가 흔들린다. 당연한 말이지만, 일의 체계가 흔들리면 책임질 일이 생긴다. 부하직원 편에서 볼 때는, 아무리 열심히 일해도 헛힘만 쓴 꼴이 되고 결국 책임은 자신이 뒤집어쓰게 된다. 그러다 보니 앞장서서 능동적으로 일하고 싶지 않은 것이다.

상사가 원칙 없이 흔들릴 때 부하직원들은 당황하게 된다.

'도대체 예측을 할 수 있어야지. 이러다 옴팍 뒤집어쓰는 거 아냐?'

부하직원들은 결과에 대한 책임을 질 일이 두려워 몸을 사리게 되고, 덩달아 일에 대한 열정도 식게 된다. 따라서 상사의 원칙 없는 태도는 부하직원들뿐만 아니라 회사 전체의 경쟁력을 약화시키는 결과를 초래한다.

일에 대한 원칙이 없는 상사는 부하직원들의 신뢰를 얻기 힘들다. 가령 임원회의에서 스스로 채택한 제안서에 대한 반응이 시원치 않았다고 하자. 그래도 자신이 마음에 들어 선택한 것이라면 끝까지 책임을 져야 한다.

"내 생각엔 이 제안서가 괜찮은 것 같은데, 임원들이 보기엔 허점이 있나 봐. 어렵겠지만 그 눈높이에 맞추어 다시 한 번 써보게."

이와 같이 말할 때 부하직원들은 상사를 믿고 따르게 된다.

007
부드럽게 대할 때와 엄격하게 대할 때를 잘 구분해야 한다

직장에서 부하직원들이 상사 때문에 스트레스를 받는 일은 흔하다. 하지만 요즘은 상사가 부하직원 때문에 골머리를 흔드는 일도 적지 않다. 부하직원 가운데는 얼핏 보기에는 얌전하고 지시를 잘 따르는 것 같지만 무능한 사람이 있다. 그런가 하면 똑똑하고 능력은 있는 것 같은데, 상사의 지시를 무시하고 자기 고집대로 일을 밀고 나가는 사람도 있다. 또 눈앞에서는 시키는 대로 하는 척하다가 뺀질거리며 웹서핑으로 시간을 때우는 사람도 있다.

상사는 이런 부하직원들을 통솔하여 회사에 지장이 안 가도록 업무에 충실하게 만들 의

무가 있다. 말이 쉽지, 이미 한 인격체로 굳어진 부하직원들을 원하는 방향으로 통솔한다는 것은 참으로 어려운 일이다. 그래도 상사 자신을 비롯하여 회사라는 조직의 발전을 위해서는 하지 않으면 안 되는 일이다.

부하직원들은 상사가 지나치게 엄격한 태도를 보이면 아예 마음의 문을 닫아버리고, 그렇다고 지나치게 부드러운 태도를 보이면 상사를 우습게 생각한다. 따라서 부드럽게 대할 때와 엄격하게 대할 때를 잘 구분하여 처신해야 한다.

모든 프로젝트에는 책임이 따르므로, 상사들은 가능한 한 유능하고 말 잘 듣는 부하들에게만 일을 맡기려고 한다. 그러다 보면 한두 사람에게만 일이 몰리게 되어, 본의 아니게 혹사시키게 되는 경우가 생긴다.

따라서 무능하고 뺄질거리는 부하들에게 일을 맡기기 망설이는 것보다는, 그들 스스로 일을 못하는 만큼 불이익을 당하게 된다는 사실을 깨닫도록 해야 한다. 불가사의한 것은, 일단 일을 맡으면 아무리 무능하고 빼질거리는 사람이라도 소홀히 하지 못한다는 사실이다.

만약 일을 맡길 때 갖가지 이유를 대며 피하려고 하는 사람이 있다면, 엄격한 어조로 이렇게 말한다.

"자네는 여러모로 이 일에 적당한 사람이야. 나는 분명히 지시를 했으니, 성공하든 실패하든 자네 맘대로 하게. 결과는 두고 보겠네."

> **008**
> 말과 행동이 일치되어야 한다

상사라는 이유만으로 부하직원들의 복종을
요구하던 시대는 지나갔다. 요즘 부하직원들
은 상사도 상사답지 못하면 내심 얕보거나
따지고 들거나, 아니면 아예 다른 직장을 찾
는다.

상사는 부하직원들이 신뢰하고 존경할 수
있는 사람이어야 한다. 상사가 보통 이하 인격
의 소유자일 때 부하직원들은 직장생활에 환
멸을 느끼게 된다. 그렇게 되면 업무에 대한
흥미를 잃고, 따라서 회사의 경쟁력에도 영향
을 미친다.

부하직원들이 상사가 성인이기를 원하는

것은 아니다. 부하직원들로부터 신뢰와 존경을 받는 상사의 첫 번째 조건은, 스스로 입 밖에 낸 말은 무슨 일이 있어도 지키는 것이다.

항상 출근시간 엄수를 주장하면서 자신은 몇 분씩 지각을 한다면 그 말에 권위가 서지 않는다.

'말과 행동이 일치되지 않는 사람이로군.'

부하직원들로서는 입을 삐죽이지 않을 수 없다.

또 걸핏하면 깨끗한 근무환경 운운하며 책상정리를 강조하던 사람이 정작 자신의 책상 위는 엉망이라면 어떻겠는가.

그뿐만이 아니다. 어떤 일을 잘못했을 때, 그 일만 가지고 나무라는 것이 아니라 거의 인신공격에 가까운 말을 하면 그 인격 자체를 의심할 것이다.

"회사에 들어온 지가 언젠데, 아직도 그런 일을 묻는 거지?"

사실 부하직원 입장에서는 확인하는 차원

에서 물어본 것인데, 그렇게 말하면 마치 모욕을 당한 듯한 느낌이 들 것이다.

상사로서 부하직원들로부터 존경과 신뢰를 받으려면, 그리하여 회사일이 원활히 돌아가게 하려면 자신에 대해 더욱 엄격한 잣대가 필요하다.

009

욕을 먹더라도 싫으면 분명하게 거절한다

친한 사이에 어떤 부탁을 받으면 거절하기가 어렵다. 마음속으로는 싫으면서도 차마 안 된다는 말이 안 나온다. 그러다 보면 시간이나 능력으로 보아 도저히 불가능한 일도 거절을 못해 낭패를 당하는 수가 있다.

어느 날, 친한 선배가 부탁을 한다.

"이번에 부업으로 오리고기 식당을 개업하는데, 아무래도 돈이 모자라서 대출을 신청했지. 그래서 말인데, 자네 보증 좀 서 주겠나? 입지조건이 좋아서 장사는 땅 짚고 헤엄치기야. 대출금은 곧 갚을 수 있을 테니 걱정 말고."

사실은 마음 내키지 않는 일이지만, 거절을 못하는 후배는 결국 보증을 선다. 그런데 땅 짚고 헤엄치기라던 장사는 때마침 유행한 조류 인플루엔자 때문에 망하고 만다. 당연한 일이지만, 보증을 선 후배는 대출금을 떠안게 된다. 두 사람 사이는 회복할 수 없는 지경에까지 이른다.

　　애초 보증을 부탁한 선배가 잘못이지만, 거절 못한 후배에게도 일말의 책임이 있다. 욕을 먹더라도 아예 분명하게 거절했더라면, 빚은 빚대로 남고 두 사람 사이는 악화될 대로 악화되는 사태는 막을 수 있었을 것이다.

　　부탁을 거절 못하는 사람의 심리를 살펴보면, 마음 밑바닥에 남에게 욕먹는 것이 싫다는 생각이 깔려 있다. 하지만 우물쭈물 태도를 분명하게 하지 않으면 결국 더 많은 욕을 먹게 되는 사태가 된다.

　　직장이란 전쟁터와 같이 살벌한 곳이다. 부탁을 잘 들어주는 좋은 사람 노릇을 하다가 치명적인 실수를 하게 되면 그 책임은 누가 지는가. 친할수록 거절을 잘해야 서로의 관계도 틀어지지 않는다.

010
나무랄 때는 감정을 앞세우지 말아야 한다

잘못한 부하직원을 나무랄 때 상사가 주의해야 할 점이 있다. 즉 절대로 감정을 앞세우면 안 된다는 것이다.

'이런 간단한 일 하나 제대로 못하다니……'

상사도 인간인 이상 답답하고 짜증스러운 마음에 목소리가 높고 거칠어질 수밖에 없는데, 그러면 부하직원은 그 내용보다 목소리에 실린 감정만 전달받는다. 따라서 자기도 모르게 마음의 문을 닫아버리는 것이다. 결국 상사는 소기의 목적은 달성하지 못한 채 감정만 드러낸 꼴이 되고 만다.

부하직원들이 존경하고 따르는 상사의 유형은 정해져 있다. 첫째 말수가 적다. 말수 적은 사람이 어쩌다 한마디 하면 거역할 수 없는 힘이 있다. 그런 사람은 나무랄 일이 있어도 결코 목소리를 높이지 않는다. 낮은 소리로 따끔하게 지적한다. 장래성 있는 부하직원은 상사의 그런 나무람을 싫어하는 것이 아니라 오히려 고맙게 생각한다. 좋은 약은 입에 쓰다는 사실을 아는 것이다.

　둘째 능력이 있다. 모든 업무에 서투른 부하직원들에게 유능한 상사는 거의 신적인 존재다. 사실 부하직원들은 상사를 의지하고 또 능숙하게 업무를 처리하는 것을 배우고 싶어한다. 자기도 그런 능력을 갖추고 싶은 것이다. 그런 상사가 아무리 말단사원이라도 무시하는 일 없이 실수를 지적한다면, 그 말에 귀를 기울이지 않을 수 없을 것이다.

　"물론 자네도 잘해 보려고 하다가 실수한 거겠지. 앞으로는 좀더 집중하도록 하게."

011
마음은 표현하지 않으면 모른다

스스로도 자기 마음을 잘 모를 때가 있다. 그러니 다른 사람과의 관계에 있어서야 더 말할 것이 있겠는가. 가장 가까운 가족끼리도 표현하지 않으면 상대방이 어떤 생각을 가지고 있는지 알 수가 없다. 말하지 않으면 상대방의 마음을 오해하게 되고, 오해는 또 다른 오해를 불러 마침내 서로 차갑게 돌아서게 된다.

직장에도 그런 사람이 있다. 속도 깊고 사람은 괜찮은 것 같은데, 자기 부탁 때문에 아무리 성의를 다해도 고맙다는 말을 할 줄 모른다. 몇 번 그런 일을 겪다 보면 슬그머니 섭섭해진다. 나중에는 혹시 자신을 무시하는 것은 아닌가 하는 생각이 든다.

'뭐야, 기껏 열심히 해주었더니 아무 말도 없고……'

따라서 친한 동료 사이라도 신세를 졌으면 잊지 말고 고마움을 표해야 한다.

'굳이 말 안해도 알 거야. 언젠가 기회가 되면 신세를 갚아야지.'

그런 생각일지도 모르지만, 그것은 그야말로 자기 생각일 뿐이다.

고맙다는 말에도 때가 있다. 고맙다고 생각한 그때가 바로 기회다. 지나치게 뜸을 들이면 고마운 마음도 어디론가 사라지고, 인사를 받는 사람도 다소 어리둥절해진다.

또한 고맙다는 말에는 진심이 담겨 있어야 한다.

"이번 일은 자네가 도와주어서 훨씬 수월했어. 정말 고마웠네."

이렇게 진심을 다해 말하면, 상대는 자신이 참으로 보람된 일을 했다는 생각이 들 것이다.

마음은 그렇지 않으면서 입으로만 고맙다고 말하는 것은 표시가 난다. 그런 눈치가 보이면, 마음을 닫고 다시는 어떤 부탁도 들어주려 하지 않을 것이다.

사소한 약속이라도 잊지 않을 때 믿음이 생긴다

약속은 지키려고 하는 것이다. 그런데 요즘에는 의례적으로 약속할 때가 많다.

"언제 밥 한번 먹자구."

그 약속을 진심으로 하는 사람도, 또 진심으로 지키리라 믿는 사람도 없다.

거래처 혹은 동료들에게 신세를 졌을 경우, 가만히 있기도 뭣하고 해서 인사치레로 약속을 하는 것이다. 하지만 별로 중요한 일이 아닐 때는 곧 잊어버리게 마련이다. 듣는 사람 입장도 마찬가지다.

'거래가 성사되도록 애써주어서 고맙다는 뜻이겠지.'

그렇게 받아들이고, 꼭 지켜야 할 약속이라는 생각 없이 말한 사람과 함께 잊어버리고 만다.

그러나 성공적인 직장생활을 하는 사람은 다르다. 결코 인사치레로 약속하지 않는다. 언제 밥을 사겠다고 했으면, 무슨 일이 있어도 그 약속을 지킨다.

"자네, 언제가 좋은가? 점심으로 할까, 저녁으로 할까?"

"아니, 그게 무슨 소린가?"

"그때 자네가 고맙게 해주어서 내가 밥 한 번 먹자고 하지 않았나?"

물론 약속을 했다는 사실조차 까맣게 잊어버리고 있던 상대방은 감격하게 된다.

'그렇게 안 봤더니, 이 사람 정말 믿을 만한데.'

한번 깨진 믿음은 회복하기 힘들다. 아무리 사소한 약속이라도 꼭 지키고, 인사치레로 하는 약속은 하지 않는 것이 인간관계에서 믿음을 얻는 가장 좋은 방법이다.

'칭찬은 고래도 춤추게 한다' 는 말이 있다.
무게가 3톤이 넘는 범고래도 움직이게 하는
것이 바로 칭찬이다. 사실 비난보다는 칭찬이
좋다. 아무리 무덤덤한 사람이라도 칭찬을 받
으면 기분이 좋다. 칭찬 한마디에 그 인생 자
체가 달라질 수도 있다.

직장 상사 중에는 부하직원들의 단점만 꼬
집어 말해서 기를 죽이는 사람이 있다. 일을
시켰는데 자기 마음에 안 들면, 앞뒤 생각하지
않고 쏘아붙인다.

"아니, 아직 그런 것도 못하면 어떡해? 그래
가지고 회사생활 제대로 하겠어?"

그 말을 들은 부하직원은 주눅이 들어 더욱 일을 못하게 된다.

그런 상사는 자기와 직접 관련이 없는 일에도 참견을 그치지 않는다. 만일 다른 팀에 있는 직원이 근무시간에 조는 것을 보면 여지없이 한마디 한다.

"어젯밤엔 뭐하고 회사에 와서 조는 거야?"

늦게까지 보고서를 작성했다든지 몸이 좋지 않다든지, 개인적인 사정이라는 것도 있는 법이다. 그런데 그런 사정을 다 무시하고, 더구나 자기 소관도 아닌 일에 나서는 사람을 누가 좋아하겠는가. 모두 그런 사람을 불편하게 생각하며, 될 수 있으면 마주치지 않으려 한다. 그 앞에만 서면 뭔가 꼬투리잡힐 일은 없는지 자신을 돌아보게 된다.

사람이란 자기가 분명히 잘못한 줄 알면서도 막상 지적을 당하면 언짢다. 그것은 직장 상사가 아니라 형제라도 마찬가지다. 따라서 아랫사람을 제대로 부리려면, 단점의 지적보다는 장점의 칭찬이 우선이다.

설사 부하직원의 일하는 방법이 마음에 들지 않아도, 다음과 같이 부드럽게 말하면 여러모로 훨씬 효과적일 것이다.

"그 방법도 괜찮은 것 같군. 하지만 이렇게 해보는 건 어떤가?"

그런 상사 앞에서 부하직원은 자기도 모르게 무장을 해제한다.

"아, 제가 잘못 생각했네요. 부장님이 권하는 방법대로 하겠습니다."

014

설득력을 갖추고, 상대의 의견에 동의하는 태도를 보인다

직장에 다니다 보면 이런저런 일로 회의가 많다. 회의에 참석했으면 말뚝처럼 앉아만 있는 것이 아니라 자신의 존재감을 충분히 입증해야 한다.

회의에 성공하려면 무엇보다 설득력이 있어야 한다. 설득력이 있으면 회의의 방향, 또는 그 결론 등에 영향을 미칠 수 있다. 그리고 회의에 참석한 사람들을 자기 편으로 만들어, 그 생각이나 주장에 기꺼이 동의하도록 만든다.

다른 사람들을 자기 편으로 만드는 가장 좋은 방법은, 스스로를 가치 있는 존재로 느끼게

만드는 것이다. 사람들은 자신을 존중하는 사람에게 호의적이며, 그 의견에 대해서도 긍정적으로 생각한다.

이쪽에서 상대에게 관심을 가질 때 그는 자신이 가치 있는 사람이라고 느낀다. 관심은 곧 상대의 이야기를 잘 듣는 것으로 나타난다. 상대가 이야기할 때 그 눈을 똑바로 바라보면서 주의 깊게 듣는다. 상대가 자신의 말을 주의 깊게 듣고 있다는 것을 느끼면 사람은 누구나 뿌듯한 기분이 든다. 물론 그 상대에 대해서도 좋은 감정을 갖게 된다.

회의에 성공하는 두 번째 비결은, 상대의 의견에 동의하는 태도를 보이는 것이다.

누군가 반대의견을 내놓아도 그 말에 곧바로 반박하면 안 된다. 그러면 상대는 고슴도치처럼 방어적인 태도를 보이든지, 아니면 자신의 의견이 수용되지 않는 데 대해 분노할 것이다.

"정말 재미있는 이야기네요. 제 생각과는

다소 다르지만, 좀더 자세히 말씀해주시겠습니까?"

지혜로운 사람은 이렇게 말하면서 대화를 이끌어간다. 그러면 상대는 자유롭게 자신의 의견을 이야기하면서 자연스럽게 그 문제점을 발견하게 될 것이다.

"아, 이 방법은 좀 무리가 있겠군요. 제가 잘못 생각했습니다."

결과적으로 오늘의 승리도 당신 것이다.

남자와 여자는 다르다. 누가 더 낫다, 혹은 못하다는 말이 아니다. 다만 남자와 여자는 각기 다른 특징을 가진 존재다. 이런 남녀가 사귀게 되면, 서로의 다름을 '이해 하지 못하여 여러 가지로 '오해'가 생긴다.

부모와 자식, 부부, 친구, 윗사람과 아랫사람 등 모든 인간관계는 타협과 협상의 연속이다. 사귀는 남녀 사이에도 마찬가지다. 감정이든 물질이든 어느 한쪽에서 주기만 하거나 또는 다른 한쪽에서 받기만 하면 필연적으로 갈등이 빚어진다.

그 갈등을 푸는 가장 좋은 방법은 대화다. 마음을 터놓는 대화를 통해 남자와 여자는 비로소 서로의 다름을 인정하고 받아들이게 되는 것이다.

001
너무 완벽한 여자는 남자의 기를 죽인다

물이 너무 깨끗하면 고기가 살 수 없다. 언제, 어느 경우에나 완벽해 보이는 사람을 상대하다 보면, 남녀를 불문하고 숨이 막히는 듯하다. 특히 여자가 지나치게 완벽주의자이면 매력이 없다.

사실 남자와 여자는 정답을 찾기 위해 사귀는 것이 아니다. 서로가 서로에게 원하는 것은 원만한 관계다. 그런데 완벽한 여자는 정답을 이야기하려 한다. 그런 여자와 대화를 하다 보면 마치 벽을 상대하는 것처럼 답답한 느낌을 가지게 된다.

남자가 뭔가 도움이 되는 말을 하려고 하면,

완벽주의자인 여자는 그것을 호의적으로 받아들이지 않는다. 대개 여자는 이미 그 일에 대한 정답을 가지고 있기 때문이다. 다시 말해 남자의 조언을 별로 달갑게 생각하지 않는 것이다.

"그 일이라면 내가 더 잘 알아요."

사랑하는 여자의 이런 반응에, 문제는 해결하지 않으면 안 된다는 생각을 가진 남자는 좌절감을 느낀다. 여자에게 이런 대우를 받게 되면 남자는 자존심에 상처를 입는다.

사실 완벽주의를 추구하는 여자가 아니라도, 대부분의 사람들은 눈앞의 문제에 대한 답을 이미 잘 알고 있다. 설령 다 안다 해도 남자의 말에 다소곳이 귀를 기울이고 그 조언을 받아들이는 여자가 매력이 있다.

"염려해 줘서 고마워요. 많은 도움이 됐어요."

그러면 말한 남자도 자신이 사랑하는 여자에게 뭔가 도움이 된 것 같아서 기분이 으쓱하

고, 여자 역시 문제를 다른 방향으로 생각해
볼 수 있어 유익한 것이다.

　　사람은 사랑을 먹고 산다. 그리고 그 사랑은
바로 격려와 칭찬이라는 수단을 통해서 표현
된다.

　　여자들이 잘못 알고 있는 사실은, 말을 많이
하면 남자가 자기 생각대로 움직이리라 생각
하는 것이다. 그래서 끊임없이 잔소리를 한다.

　　"그런 친구는 가까이하지 말아요. 내가 여
러 차례 얘기했잖아요."

　　하지만 여자의 그와 같은 반응에 남자들은
짜증스러워진다.

　　"다 알아서 해요. 왜 친구 사귀는 것까지 참
견하는 거죠?"

진정으로 남자를 움직이는 힘은 잔소리가 아니라 칭찬과 격려다.

"당신은 정말 사람 보는 눈이 정확해요. 친구를 보면 그 사람됨을 알 수 있거든요."

그 정도 되면, 남자는 내심 뜨끔하면서 여자의 말에 맞추기 위해서라도 질이 나쁜 친구는 멀리하게 될 것이다.

누구나 주위 사람들에게 격려나 칭찬을 받고 싶어 한다. 특히 남자는 자신을 알아주는 여자를 위해서는 목숨까지 바칠 각오가 되어 있다. 따라서 여자들은 남자가 어떤 일을 할 때 그에 맞는 적절한 격려와 칭찬을 아끼지 말아야 한다. 남자들은 격려와 칭찬이 여자에게 자신이 얼마나 인정받고 존경의 대상이 되고 있는지를 알 수 있는 척도라고 생각하기 때문이다.

구체적으로 칭찬하고 격려하면, 남자는 자기를 인정하고 존경하는 여자의 마음에 감격하여 아마 불 속이라도 뛰어들 것이다.

003

서로의 차이를 인정하면 둘 사이가
원만해진다

모든 인간관계에는 필연적으로 갈등이 있
다. 따라서 갈등을 두려워하지 않고 인간관계
를 풀어나가는 훈련이 필요하다. 훈련의 첫 번
째 과제는 상대에게 지나친 기대를 갖지 않도
록 한다는 것이다. 사람을 사귈 때는 서로에게
어느 정도 시간을 주어야 한다. 그러나 지나친
기대감을 가진 사람은 그것이 잘 안 된다.

인간관계에서 갈등이 생기는 가장 큰 이유
는 상대에게 인정받고자 하는 욕구 때문이다.
자신이 원하는 만큼 인정받고 사랑받지 못할지
도 모른다는 생각으로 갈등을 느끼는 것이다.

이와 같이 관계를 맺는다는 것은 쉬운 일이

아니다. 특히 이성교제는 만만치가 않다. 내가 뭔가 잘못한 것도 아니고 상대가 특별히 잘못한 것도 없는데 왠지 둘 사이가 삐걱거린다. 맞지 않는 것이다. 이럴 때 근본적으로 서로의 차이를 인정하면 관계가 훨씬 부드러워진다. 시간이 지나면서 서로의 차이는 '틀린 것'이 아니라 '다른 것'이 되는 것이다.

'아, 이 사람은 내가 잔소리하는 걸 싫어하는구나.'

'이 여자는 문제의 해결이 아니라 그냥 들어주기를 원하는구나.'

남자는 자기가 듣고 싶은 것만 듣고, 여자는 문제의 해결책이 아니라 단지 자기 이야기를 들어주는 것, 즉 공감을 원하는 것이다.

서로에 대한 기대는 그만큼 줄어들고, 상대를 있는 그대로 인정하게 되는 것이다. 이렇게 되면 마음이 훨씬 가벼워지면서, 서로 상처받는 것도 좌절하는 것도 없다. 관계 맺는 것이 더 이상 어려운 일이 아닌 것이 된다.

> **004**
> 남자의 능력을 과시할 수 있는 기회
> 를 주어야 한다

남자는 누구나 자신의 능력을 과시하고 싶은 욕심이 있다. 특히 사귀는 여자에게는 자기가 가진 능력을 베풀어 도움을 주고 싶어 한다.

그런데 여자가 무거운 가구를 들여놓으며 남자친구를 부르지 않았다. 여러 가지로 바쁜 남자친구를 생각해서였다.

"어제 가구를 들여놓았어. 네가 바쁠 것 같아서 나 혼자 했지."

여자의 말에 남자는 씁쓸한 표정을 지었다.

"내 도움이 없어도 씩씩하게 잘하는군."

그러나 슬기로운 여자는 다르다. 자기가 다할 수 있어도 남자가 끼어들 여지를 남겨놓는다. 남자에게 목숨보다 중요한 것이 자존심이라는 것을 알기 때문이다.

"이번에 가구를 들여놓아야 하는데, 아무래도 나 혼자서는 힘들 것 같아. 와줄 수 있지?"

아무리 쉬운 일이라도 당신 없이는 아무것도 못하겠다는 뜻이다. 이와 같이 약한 면을 드러내는 여자에게 남자는 '그러면 그렇지' 하는 마음으로 내심 미소를 짓는다. 남자로서는 보호본능이 일어날 수밖에 없는 상황이다.

"물론 가고말고. 나 아니면 그런 일을 누가 하겠어?"

자신을 온전히 의지하고 믿는 여자에게 남자는 있는 힘을 다하게 된다. 이때 남자의 남성성은 거의 슈퍼맨 수준에 이른다. 남자의 남성성을 발휘하게 만들고 싶다면, 여자는 남자보다 더 능력이 있어도 모자라는 척, 더 강해도 약한 척해야 한다. 그리고 사소한 일이라도 해주면 감탄하며 칭찬함으로써 그 자존심을 살려주어야 한다.

남녀교제에서 가장 큰 문제는 의사소통이
어렵다는 것이다. 그런데 그 대부분은 독선과
이기심에서 비롯된다. 남녀 모두 원만한 대화
를 원하고 그것을 통한 인정과 공감을 바란다.
그러나 둘은 자신의 욕구에만 충실해져, 남자
는 자신의 이야기를 여자가 인정해 주지 않는
다고 불만이고 여자는 자신의 말에 남자가 도
무지 관심을 보이지 않는다고 불평을 한다.

"무슨 이야기를 하든 다소곳이 수긍하는 법
이 없어요. 무조건 반대부터 하고 본다니까
요."

"벽을 상대하는 느낌이에요. 무슨 생각을

하는 건지, 내용도 모르면서 건성으로 대답을 하곤 해요."

결혼까지 생각하며 교제하는 남녀에게 대화는 무엇보다 중요하다. 의사소통에 어려움을 느낀다는 남녀의 대화 내용을 보면 서로 자기 이야기에만 열중한다. 상대의 기분에 상관없이 나를 모든 것의 중심으로 삼으려 한다. 그렇게 되면 당연히 대화는 단절이 된다. 서로 생각하는 바가 다르니 그럴 수밖에 없다.

대화를 잘 못하는 사람들에게는 몇 가지 특징이 있는데, 그 가운데 독선과 이기심이 앞자리를 차지한다. 그런 사람에게 대화를 할 때 부디 상대의 입장도 배려하라고 조언하면 이렇게 말한다.

"난 그렇게 하고 있다고 생각하는데……"

결국 그것은 습관이다. 자신도 모르는 사이에 독선과 이기심이 발현되어 상대는 무시한 채 자기 입장만 생각하게 되는 것이다.

따라서 우리의 대화는 지속적으로 상대를

향해야 한다. 내가 아니라 상대를 중심으로 생각하면, 그때부터 꽉 닫혀 있던 대화의 문이 열리게 된다.

006
갈등이 있을 때는 둘 사이에서 풀어
야 한다

서로 사귀는 사이에 다툼이 있는 것은 흔한
일이다. 그런데 그럴 때 대응하는 방법은 두
가지로 나뉜다. 그 한 가지는 당사자인 두 사
람이 갈등의 원인을 풀려고 하는 것이고, 또
한 가지는 그 갈등의 문제를 다른 사람에게 가
지고 가서 해결하려고 하는 것이다.

다른 사람에게 갈등의 문제를 가져가는 것
은 이해관계가 없는 상태에서 냉정하게 다툼
을 보고자 하는 것이다. 하지만 그것은 옳은
방법이 아니다. 갈등은 두 사람 사이에서 일어
난 것이니, 다른 사람이 아닌 바로 두 사람이
풀어 가는 것이 바람직하다.

그 문제에 대해 혼자서 얼마나 고민하다가 다른 사람을 찾게 되었는지는 중요하지 않다. 그런 태도는 문제 해결과는 거리가 멀다.

다툼이 있었다면 상대와 그 문제에 대해 진지한 대화를 나누었어야 한다. 따라서 문제를 해결하기 원한다면 당사자와 이야기해야 한다. 단, 말하는 방법에 주의해야 한다.

가령 상대의 지나친 사교성이 문제가 될 경우가 있다고 하자.

"당신은 교우관계가 지나치게 번잡스러운 게 문제야."

이렇게 말하면, 상대는 설령 그것이 사실이라 할지라도 기분이 언짢을 것이다.

"당신은 사람들 사이에 정말 인기가 많아. 성격이 너무 좋은 거 아냐?"

앞의 말과 의미는 비슷하다. 하지만 돌려서 부드럽게 하는 그 말을 듣는 사람의 기분은 하늘과 땅만큼 다를 것이다. 물론 둘 사이에 갈등이 싹틀 여지도 없다.

007

여자는 해결책보다는 공감을 원한다

"회사에서 팀장에게 싫은 소리를 들었어. 내가 한 일이 마음에 안 들었던 모양이야."

여자가 힘없이 말한다.

"그래? 내가 그 팀장 좀 혼내줄까?"

남자가 농담하듯 말한다.

남자들은 착각하고 있다. 사실 여자가 원하는 것은 해결책이 아니라 공감이다. 여자가 남자에게 그 말을 한 이유는, 싫은 소리를 한 그 팀장을 어떻게 해달라는 게 아니라 그런 일이 있어서 자기 기분이 언짢다는 사실을 알아주었으면 하는 것이다.

여자는 어떤 일로 화가 나면 들어줄 사람을

필요로 한다. 그리고 그 사람을 앞에 놓고 한 없이 이야기를 한다. 그런 경우 남자는 계속하여 여자의 말에 끼어들면서 해결책을 제시한다. 하지만 그녀의 속마음은 그게 아니다. 해결책을 들으려는 것이 아니라, 그렇게 말하는 과정이 위안이자 격려가 된다.

그렇지만 남자는 여자의 말을 듣고 앉아 있는 자체가 그야말로 고역이다. 참다못해 여자의 말을 중간에서 끊고 나선다.

"그래, 내가 어떻게 해주면 될까?"

여자가 자신의 해결안을 들으려 하지 않을 때, 남자는 여자의 문제를 별것 아닌 것으로 몰아가려 한다.

"너무 그렇게 풀죽을 것 없어. 직장생활하다 보면 그럴 수도 있지."

그런데 이런 말은 여자의 기분을 더욱 언짢게 만든다. 그녀는 자기 기분에 공감해 주지 않는 남자를 냉정한 사람이라 생각하여 마음의 문을 닫을지도 모른다.

따라서 여자가 말할 때는 온 신경을 집중하여 잘 들어주고, 눈높이에 맞추어 그 감정을 이해해 주려 노력해야 한다.

"정말 언짢았겠다. 나도 그 기분 알 것 같아."

이 따뜻한 말 한마디에 여자는 완전한 '내 편'인 남자를 더욱 사랑하게 될 것이다.

연애하는 남녀 사이에도 다툼이 있을 수 있다. 그러나 모든 싸움이 마찬가지지만, 싸움에도 룰이라는 것이 있다. 그 첫째는 싸울 때 과거의 잘못을 들먹이지 말아야 하고, 둘째는 상대를 공격하지 말고 문제의 본질만 가지고 싸워야 한다는 것이다.

먼저 현재 싸움의 원인이 되고 있는 일에 대해서만 말하고 과거 일은 들추지 않는다. 우리의 머리는 구조상 상대의 잘못을 발견하면 동시에 서너 가지의 과거 잘못을 재빨리 생각해 낼 수 있게 되어 있다. 하지만 잘못할 때마다 과거를 들추는 것은 비열한 짓이다. 어떤 문제를 가지고 싸우는 일은 단 한 번으로 끝내야 한다. 과거의 잘못까지 끌어들이다 보면 어느새 싸움의 본질은 흐려지고 만다.

"그 버릇 아직도 못 고친 거야? 몇 달 전에도 그랬잖아."

그러면서 과거 상대방의 약점을 집중적으로 공격하면, 당하는 쪽 사람은 정작 싸움의 원인이 된 일은 잊어버리고 분노하게 된다.

따라서 나쁜 일을 거론할 때는 반드시 그것만을 따로 떼어 지적해야 한다.

싸울 때 과거의 잘못을 들추는 것도 문제지만, 상대방의 인격을 비난하는 데 열을 올리는 경우가 있다.

"네가 하는 일이 다 그렇지 뭐. 야무지지 못하고 어리숙해 가지고……"

이 경우도 당하는 쪽 사람은 마찬가지로 싸움의 본질은 잊어버리고 자신의 약점을 비난거리로 삼는 상대에 대해 분노를 느끼게 된다.

따라서 싸울 때는 사람 자체를 공격하지 말

고 문제의 본질을 쟁점으로 삼아야 한다. 그것
이 바로 두 번째 싸움의 룰이다.

사귀는 사람에게서 '실망했다', '지쳤다'는 말을 들으면 어떤 기분이 들까? 둘 사이를 위해 많은 노력을 했던 사람일 경우, 자신이 지금까지 한 일이 부질없는 짓이었다는 생각과 함께 맥이 빠질 것이다.

연애를 하다 보면 울컥 감정적이 될 때가 있다. 자연히 말도 감정적이 된다. 말은 마치 놓쳐 버린 기차와 같다. 한번 떠나면 돌아오지 않는다. 따라서 순간의 감정에 휩싸여 한 말이 결정적인 이별로까지 이어질 수 있다.

'실망했다', '지쳤다'는 말은 참으로 치명적이다. 더 이상 두 사람의 관계를 위해 애쓰고 싶지 않다는 의미를 내포한 말이기 때문이다.

사귄다는 것은 관계가 활성화된다는 말이다. 따라서 실망하거나 지쳤다는 것은 관계의 활성화를 원하지 않는다는 뜻이다.

두 사람의 관계를 위해 더 이상 애쓰고 싶지 않다는 사람을 붙들고 무슨 말을 하겠는가. 듣는 사람을 맥빠지게 하는 그런 말은 거의 이별 통보와 같다. 진정으로 헤어지고 싶은 것이 아니라면 '실망했다', '지쳤다'는 말 대신 교제를 위해 애쓰는 태도를 보여야 한다.

아무리 복잡하게 얽힌 갈등일지라도, '내'가 아니라 '상대'의 입장을 배려하는 마음으로 찬찬히 생각하면 그 매듭을 풀 수 있다. 즉 감정적인 말보다, 힘들고 어려운 상황이긴 하지만 두 사람의 관계를 위해 계속 애쓸 것이라는 사실을 분명하게 한다. 이러한 태도야말로 서로의 관계를 믿음이라는 반석 위에 올려놓는 가장 좋은 방법이다.

사람의 감정은 하루에도 몇 차례씩 변한다.
그럼에도 불구하고 상대가 마음에 들지 않는
다고, 자기 뜻대로 따라주지 않는다고 불평을
하는 사람이 있다. 어차피 내가 상대를 변화시
킬 수 없는 바에야 나쁜 면보다는 좋은 면, 단
점보다는 장점을 보도록 애써야 한다.

아무도 부정적인 사람은 좋아하지 않는다.
무엇인가 불만이 있고 분위기가 어두운 사람
보다 긍정적이고 마음이 밝아지는 사람이라
야 다시 만나고 싶어진다.

뭔가 팔 때도 소비자에게서 긍정적인 대답
이 많이 나오게 해야 그 물건을 팔 확률이 더

높다고 한다. 따라서 되도록 상대에게서 '네'
라는 답이 나올 수 있는 질문을 해야 한다.

늘 상대의 안 좋은 점만 보고 불만스러워하
는 사람은 어느 조직에서나 환영받지 못한다.
특히 남녀관계에서는 어두운 면보다는 밝은
면을 볼 줄 알아야 그 관계가 길게 지속된다.

"이 옷 어때요?"

날씨가 따뜻해지자 화사한 원피스를 입고
남자를 만나러 나온 여자가 묻는다.

"좋은데. 색깔도 멋지고 모양도 예쁘
고……"

자신의 취향은 아니지만 남자는 기분 좋게
이야기한다.

여자는 한시름 놓았다는 듯 옷자락을 매만
지며 안도의 한숨을 쉰다. 덕분에 그 다음 대
화도 부드럽게 이어진다.

"우리, 어디 갈까요?"

"예쁜 옷도 입었으니, 자랑할 겸 공원에나
가지."

"그럴까요?"

말도 습관이다. 자신도 모르는 습관이 상대에게 계속 부정적인 이미지를 심어줄 수 있다는 사실을 기억해야 한다. 긍정적인 인상은 노력을 통해 만들어지는 것이다.

PART 3
부부간의 대화

이 세상에서 남편 또는 아내만큼 가깝고 친밀한 사람은 없다. 이런 부부 사이에 대화가 부족하거나 그 방법이 잘못되어 있으면 가정 자체가 병들게 된다.

가정에서 남편 또는 아내로부터 인정받고 사랑을 받으면, 언제 어디서 누구를 상대로 해서든 당당한 태도를 보일 수 있다. 하지만 만일 남편 또는 아내가 적대적인 태도를 보인다면, 가장 기본적인 자존심이 무너짐으로써 삶의 모든 것이 엉망이 되어버린다.

남편 또는 아내와의 관계는 삶을 풍요롭게 하고 무한한 기쁨을 느끼게 하는 근원이 되기도 하지만, 반대로 인생 자체를 무너뜨리고 절망과 좌절을 불러오는 원인이 되기도 한다. 따라서 부부는 다른 어떤 인간관계보다 더 서로를 신뢰하고 이해하고 사랑하고 있다는 느낌을 가질 수 있는 대화방식을 배워야만 한다.

001

어머니와 아내가 듣고 싶어하는 말을
해주어야 한다

결혼을 하면 그때부터 남자는 두 여자 사이
에서 줄타기를 해야 한다. 물론 두 여자는 어
머니와 아내다. 줄타기를 얼마나 잘하느냐에
따라 결혼생활이 골치 아파지기도 하고 편해
지기도 한다.

시어머니에게 불만이 있어도 드러내어 표
현할 수는 없고, 며느리 입장에서 그 불만을
해소할 수 있는 대상은 남편뿐이다.

남편이 아내 얼굴을 보니 좀 굳어 있는 같았
다. 그래서 슬쩍 눈치를 보며 물었다.

"왜, 무슨 일이 있었어?"

"글쎄, 어머니가……"

아내가 속에 있던 말을 하기 시작했을 때, 남편은 짐짓 큰소리로 말했다.

"아니, 어머니는 대체 당신하고 살라고 하시는 거야, 말라고 하시는 거야?"

아내는 당황한 얼굴로 손가락을 세워 입에다 댔다.

"조용히 말해. 어머니 들으시면 어쩌려고……"

어느 결에 아내의 표정은 부드러워져 있었다. 아내는 시어머니와의 대결에서 단지 자기편이 필요했던 것뿐이다.

만일 남편이 다음과 같이 말했다면 어땠을까?

"그건 당신이 잘못 생각했어. 어머니는 절대 그럴 분이 아니야."

그랬다면 아내는 화가 나서 아예 입을 다물어버렸을지도 모른다.

마찬가지로 어머니가 며느리에 대해 좋지 않게 이야기할 때도 있다. 이 경우 어머니가 아들에게 듣고 싶은 말은 단 한 마디다.

"그 사람, 참…… 제가 주의를 줄게요."

아들이 눈치 없이 며느리 편에 섰다면 어머니는 어땠을까? 결혼을 하더니 아들이 며느리 치마폭에 싸여 달라졌다고 섭섭해했을 것이다.

아내나 어머니나 남편 또는 아들이 하는 말의 내용보다는 어떤 태도로 말하는지가 더 중요하다. 따라서 가정의 평화를 위해서는 그들이 듣고 싶어하는 말을 해주어야 한다.

002
시어머니와 갈등을 빚는 대신 남편을
협조자로 끌어들인다

"집안 꼴이 이게 뭐냐? 좀 치우고 살아야
지."

모처럼 찾아온 시어머니가 미간을 찌푸리
며 잔소리를 한다. 남편이 시어머니 편을 들어
맞장구를 친다.

"맞아. 정신없어서 집에 들어오고 싶은 생
각이 없다니까. 총각 때는 참 깔끔하게 살았는
데."

그런 경우 아내는 분하고 억울한 생각이 들
것이다.

'치우고 돌아서면 애들이 어질러놓는 걸 나
더러 어쩌라구?'

시어머니가 잠깐 자리를 비운 틈에 남편에게 분풀이를 한다.

"아니, 어떻게 그런 말을 할 수 있지? 너무해!"

그래 봤자 속이 시원하지 않다. 그보다는 감정을 가라앉히고 차분하게 남편의 협조를 구하는 편이 현명하다.

"나는 하느라고 하는데 표시가 안 나네. 하루종일 애들한테 시달리다 보면 너무 힘들어. 그래서 말인데, 당신이 좀 도와주면 안 될까?"

사실 대부분의 남편은 어머니와 아내 사이의 문제로 자신이 귀찮은 상황에 빠지는 것을 바라지 않는다. 따라서 아내의 부탁을 받아들일 태세가 갖추어져 있다.

"알았어. 시간 나는 대로 당신을 도울게."

이렇게 되면 문제가 의외로 쉽게 풀린다. 시어머니와 갈등을 빚지 않고 남편까지 집안일의 협조자로 끌어들였으니, 이만하면 소기의 목적을 달성한 셈이 아닌가.

설령 남편이 일하는 것이 다소 미흡하다 해도 잔소리하지 말고 그대로 지켜보아야 한다. 그리고 이렇게 말한다.

"당신은 정말 가정적인 남자야. 내가 결혼 하나는 잘했어."

최근에는 어느 직장이나 주5일 근무가 기본
이다. 그 덕분에 주말을 즐기는 사람도 늘었
다. 남자들은 따분한 일상에서의 탈출을 꿈꾸
며 등산, 스쿼시, 패러글라이딩, 사이클 등 활
동적인 취미를 찾아나선다.

"당신도 함께 갑시다. 땀을 흠뻑 흘리면 몸
이 얼마나 개운한지 몰라."

몇 주인가 혼자 주말을 보내던 남편이 아내
에게 권한다.

사랑하는 아내와 같은 취미활동을 하고 싶
은 것은 당연한 욕심이다. 그런데 동적인 남자
와 달리 여자는 정적인 성격의 소유자가 많다.

땀흘리며 거친 운동을 하기보다는 가까운 교외에 나가 맛있는 음식을 먹으며 쉬는 것을 더 좋아한다.

이와 같은 성향을 무시한 채 남편이 아내에게 자기가 좋아하는 거친 운동을 강요하면 안 된다. 어쩌면 아내는 남편의 권유를 차마 거절하지 못해 함께 취미활동을 하는 것인지도 모른다. 하지만 좋아서 하는 일이 아닌 이상 언젠가 못하겠다고 주저앉는 날이 올 수도 있다. 그것은 입장을 바꾸어 생각해보면 너무도 분명해진다.

"여보, 이번 주말에는 아이들 데리고 한강 시민공원에 갑시다."

아내가 이렇게 말하면 남편은 가족에 대한 '봉사' 차원에서 나들이를 나갈 것이다. 하지만 자기가 좋아서 하는 일이 아니니, 얼마 못가 피곤함을 느낄 것이다.

아내도 똑같다. 짐작만으로 아내도 좋아할 것이라고 생각하면 안 된다. 남자들은 부부는 일심동체니 자기가 좋으면 당연히 아내도 좋아할 것이라 생각한다. 그러나 상대의 의향을 고려하지 않은 이런 행동은 아내를 지치게 할 뿐이다.

주말에 아내와 함께 취미활동을 하고 싶다면, 먼저 그럴 의향이 있는지부터 물어야 한다.

"주말에 우리 둘이 뭔가 배워볼까? 당신 생각은 어때?"

004

남녀의 차이를 인정할 때 부부 동반 외출이 즐거워진다

미국 유머사이트에 실린 만화가 있다. 저녁 외식을 앞둔 남녀의 모습을 비교한 것이다.

약속시간이 1시간 앞으로 다가오자 여자가 말했다.

"멋진 저녁식사를 위해 7시까지 나갈 채비를 합시다."

남자는 컴퓨터를 들여다보며 건성으로 대답했다.

"문제없어."

그후 30분간 여자는 샤워를 하고 머리를 말리고 세팅을 했다. 그동안에도 남자는 여전히 컴퓨터를 들여다보고 있다.

마침내 약속한 1시간을 1분 남겨둔 시점에도 여자는 화장을 하고 있다. 남자는 컴퓨터를 계속하고 있다.

하지만 결과는 의외의 반전을 이루었다. 1시간이 지났는데도 여자가 외출 준비를 마치지 못한 반면, 남자는 1분 만에 정장까지 차려입은 완벽한 모습으로 기다리고 있는 것이다.

충분히 공감이 가는 내용이다. 동반 외출을 하는 날, 대부분의 부부는 집을 나서기 전부터 표정이 굳어지는 경우가 많다. 원인은 앞서의 만화와 마찬가지로 외출 준비시간의 남녀 차이 때문이다.

남편은 옷만 갈아입으면 외출준비가 끝나지만 여자들은 다르다. 머리를 감고 말리고 화장하고, 그것도 모자라 장롱에서 옷을 있는 대로 꺼내 이 옷 저 옷 입어본다. 진작 준비하고 기다리는 남편으로서는 속터지는 노릇이다.

하지만 남편이 남녀의 차이를 인정하고 받아들일 때 부부 동반 외출은 더 이상 스트레스가 안 된다. 아내가 마음껏 준비하는 동안 남편은 조바심내지 말고 느긋하게 못 다한 일을 하면 된다. 사놓고 못 본 책을 보는 것도 괜찮은 방법이다.

005

아내의 신세타령에 정색을 하면 안 된다

"친구들은 다 여유롭게 사는 것 같던데, 왜 나만 이 모양 이 꼴일까?"

동창 모임에 다녀온 아내가 신세타령을 늘어놓는다. 이 경우 아내는 어떤 해결책을 원하는 것이 아니다. 그저 마음속을 털어놓을 상대가 필요할 뿐이다. 그런데 남편은 민감한 반응을 보인다.

"그래서 어쩌라는 거야? 지금이라도 결혼을 무를까?"

이렇게 되면 남편에게 위로받고 싶어 말을 꺼냈던 아내는 속이 답답할 것이다. 남편 역시 자기 마음을 몰라준다는 사실에 몹시 외롭기도 할 것이다.

여자들에게 말은 의사표현이 아니라 감정 표현의 수단이다. 그래서 감정적으로 자기 편이라고 생각하는 사람인 남편에게 푸념을 늘어놓는다. 그럼으로써 살림이나 육아 등 결혼 생활에서 오는 스트레스를 풀려는 것이다. 남편이 그런 의도를 몰라줄 때 아내는 배신감마저 느끼게 된다.

아내가 어떤 말을 하거나 잘 들어주기만 해도 남편 노릇을 반은 하는 셈이다. 옳으니 그르니 따지지 않고 맞장구를 쳐주면, 아내의 굳은 마음은 자기도 모르게 풀린다.

"비록 호강시켜주진 못하지만, 당신은 정말 가정적인 사람이야. 명자 남편은 잘나가는 대기업 이사지만 얼굴 보기가 힘들다는데. 생각하면 나는 남편 복이 많아."

남편 입장에서는 아내가 건강하게 오랫동안 곁에 있어주기를 바랄 것이다. 그렇다면 아내의 말에 잠자코 귀를 기울여주어야 한다. 설

령 그것이 말도 안 되는 억지스러운 불평이라
도 말이다. 남편이 들어줌으로써 스트레스가
다 풀리면, 아내는 정신적으로나 육체적으로
나 건강한 상태를 유지할 수 있다. 물론 가정
생활도 행복할 것이다.

　　사랑에도 유통기한이 있다고 한다. 미국의 심리학자가 2년 동안 전세계 5천 명을 대상으로 관찰한 결과, 열렬한 사랑의 지속기간은 대략 18개월에서 30개월이라고 한다. 사랑에 빠지면 뇌의 도파민 분비가 활성화되어, 상대를 보기만 해도 기분이 좋아지고 감정이 벅차오르게 된다. 하지만 시간이 흐르면 도파민 분비가 줄어드는 대신 이성적 판단을 주관하는 전두엽이 활성화된다. 흔히 말하는 콩깍지가 벗겨지는 것이다.

　　그렇다면 오래된 부부는 무엇으로 살까? 물론 열렬한 사랑은 유통기한이 지났을지 모르지만, 부부만 아는 또 다른 사랑이 그 자리를 채운다.

그러나 남편과 아내는 전혀 성향이 다르다.

'사랑한다는 말을 들어본 게 언젠지 몰라. 남편은 이제 더 이상 날 사랑하지 않나 봐.'

결혼한 지 제법 오래되었지만 아내는 여전히 남편으로부터 사랑한다는 말을 듣고 싶어 한다.

아내는 말로 표현하지 않으면 감정이 없는 것이라고 생각하는 반면, 남편은 아내와 달리 새삼스럽게 사랑한다는 말을 해야 할까 하는 생각을 한다.

'함께 오래 살았으니 말하지 않아도 내 마음을 알겠지.'

사실 남자는 사회적으로나 가정적으로 감정을 드러내는 일에 익숙하지 못하다. 그에 반해 여자들은 감정을 표현하는 것을 오히려 여성스럽게 여기는 문화 속에서 살아왔다.

남편은 이런 남녀의 차이를 인정해야 한다.

그리고 결혼생활의 행복을 원한다면, 아내에게 느끼는 나름의 사랑과 고마움을 그때그때 표현해야 한다. 그렇다고 큰 부담을 가질 것은 없다. 이미 열렬한 사랑의 유통기한을 지난 아내가 바라는 것은 그저 솔직한 감정의 표현일 뿐이다. 그럼으로써 남편이 자신을 얼마나 생각하고 있는지 깨닫게 해주며, 남편 내면의 깊은 감정을 알 수 있게 해준다.

예컨대 직장에서 승진을 했을 때 아내의 공로를 인정하는 것도 한 방법이다.

"정말 고마워. 당신이 내조를 잘해줘서 이번에 부장이 된 것 같아."

아내에게는 더 이상의 찬사가 없다. 아마도 그동안의 섭섭했던 마음은 그 말로 눈녹듯 녹아내릴 것이다.

자녀가 웬만큼 자라면 부부 사이의 대화 중
많은 부분을 차지하는 것이 바로 교육문제다.
맞벌이 부부가 아닌 이상 남편보다는 아내가
자녀의 교육을 주관하는 경우가 많다. 이런 때
남편과 아내의 교육관이 같으면 문제될 것이
없다. 그런데 자녀에게 기대하는 바가 서로 다
를 때는 큰 갈등의 요소가 된다.

남편은 아이가 어렸을 때는 마음껏 뛰놀기
를 원하는데, 아내는 경쟁사회에서 살아남으
려면 무엇이든 가르쳐야 한다는 생각을 가지
고 있다면 충돌을 피하기 어렵다. 결국 그 갈
등은 어느 학원을 가느냐부터 시작하여 대학

선택까지 계속될 것이다.

"우리 아이는 절대 남에게 뒤떨어지지 않게 키울 거예요."

"아이는 저 하고 싶은 걸 하면서 건강하게 자라는 게 좋은데."

아내의 자녀교육을 그대로 방관하거나 간섭하거나, 남편 입장에서는 둘 다 좋은 방법이 아니다. 남편이 할 수 있는 가장 현명한 처사는, 우선 아내의 방법을 비난하지 않으면서 관심을 표시하는 것이다.

"다른 아이들에게 뒤떨어지지 않게 키워야 한다는 데는 나도 동의해. 그런데 이 학원 저 학원 다니다가 아이가 지칠 수도 있으니, 일단 꼭 하고 싶은 것만 남기고 학원 수를 좀 줄여 봅시다. 그리고 아이의 반응을 좀 보자구."

이렇게 말하는 데는 아내도 어쩔 수 없을 것이다.

"당신은 애들 교육에 관심이 없는 줄 알았는데. 그 말대로 한번 해보고 다시 얘기해요."

남편이 평생 다니던 직장을 나와 집에만 있게 되었을 때, 부부는 비로소 서로를 직시할 수 있게 된다. 물론 자기 처지에서 할 수 있는 일을 하며 제2의 인생을 사는 남자들도 있지만, 갑자기 찾아온 자유시간을 어쩌지 못해 이러니저러니 잔소리를 늘어놓으며 아내 꽁무니만 졸졸 따라다니는 사람도 있다. 또 아예 삶의 의미를 잃을 정도로 좌절하여 폭삭 늙어버리는 사람도 있다.

첫 번째를 제외한 두 번째, 세 번째 경우 모두 아내 입장에서는 부담스럽다. 평생 동안 집 밖에서 많은 시간을 보내던 남편이 할 일을 잃고 한가해진 모습, 또는 힘이 다 빠진 채 자신에게만 의지하는 모습이 아내로선 낯설다. 남편이 성가시게 느껴질 수밖에 없다.

그렇다고 남편을 홀대하면 안 된다. 성가셔도 대화 상대가 되어주고, 설령 마음에 안 들어도 가장으로서 대접을 깍듯이 해야 한다. 직장을 잃었다고 가장 믿었던 아내가 자신을 무시한다 생각하면 남자들은 마치 배신당한 듯한 기분을 느낄 것이다.

피시방에서 게임을 하며 소일한다든가 아니면 늦바람을 피우는 등 집 밖에서 엉뚱한 일을 벌이는 남자들의 특징이 있다.

"마누라와는 말이 잘 안 통해서……"

기껏 생각해서 자신의 마음속을 털어놓아도 아내는 진지하게 들으려 하지 않고 시큰둥한 반응을 보이기 일쑤다.

"그게 무슨 고민거리나 돼? 몸이 편하니까 별생각을 다한다니까."

결국 남자들은 입을 다물고 집 밖으로 나오

게 되는 것이다.

　퇴직한 남편이 마음의 갈피를 못 잡고 고민을 털어놓는다면, 아무리 하찮은 말이라도 아내는 그 말에 귀를 기울여야 한다. 아내가 자기 말을 들어준다는 것만으로도 남편은 충분히 위로를 받고 살아갈 힘을 얻는다,

자식들 앞에서 소리지르는 남편에게는 자기 의사를 분명하게 밝힌다

남자들 중에는 자기 마음에 맞지 않으면 버럭 화를 내며, 아이들이 보고 있거나 말거나 아내에게 소리를 지르는 사람이 있다.

"리모컨은 어디 간 거야? 분명히 이 자리에 있어야 하는데."

"그 옷은 맡긴 지 한참 됐는데 아직도 안 찾아왔어?"

"냉장고가 왜 이렇게 지저분해? 도대체 살림을 어떻게 하는 거야?"

아내 입장에서는 맞받아 소리를 지르자니 아이들 보기 민망하고, 그렇다고 참자니 무시당하는 느낌이 들어 속이 부글거린다.

잠자코 있으면 남편은 아내 마음의 상처 따위는 아랑곳하지 않고, 버릇처럼 무슨 일만 있으면 소리를 지를 것이다. 따라서 남편이 아이들 앞에서 소리를 지르면 무조건 참는 것이 능사가 아니다.

"왜 소리질러? 잠자코 있으니까 내가 우스워 보여? 무시하지 말라구."

이렇게 그 자리에서 남편에게 덤비라는 소리가 아니다. 그랬다가는 걷잡을 수 없이 싸움이 커져서 이혼을 하느니 마느니 하는 이야기까지 나올지도 모른다.

가장 현명한 방법은 아이들이 없는 자리에서 분명하게 자기 의사를 밝히는 것이다.

"아까는 당신이 나를 무시하는 것 같아 정말 화가 났어. 그렇게 아이들 앞에서 소리를 지르면, 아이들도 엄마는 무시해도 괜찮은 사람이라고 생각할 거야. 앞으로는 할 말이 있으면 둘만 있는 자리에서 해주면 좋겠어. 그러면 나도 잘못한 게 있으면 고치도록 할 테니까."

남편도 아주 꽉 막힌 사람이 아니라면, 아내의 차분한 반박에 자기가 지나쳤음을 깨닫고 이후로는 조심할 것이다.

사람은 누구나 사랑하는 사람으로부터 관심과 인정을 받고 싶어한다. 특히 상대가 남편 또는 아내일 때는 그 마음이 더욱 간절해진다. 만일 남편 또는 아내가 상대로부터 관심과 인정을 받는다는 확신이 있으면 자신감과 함께 의욕이 솟구친다. 따라서 부부 사이에 바람직한 대화를 많이 할수록 상대에 대한 이해가 깊어지고 두 사람의 관계는 더 친밀해지게 된다.

말은 생각, 감정, 행동의 동기가 되고 대화하는 상대와의 관계를 만들어낸다. 말다툼을 하다가 버릇처럼 헤어지자거나 이혼하자는 소리를 하는 사람들을 보면, 결국 그 말대로 헤어지고 이혼하게 되는 경우가 많았다.

"당신이 나한테 뭘 해줬어? 결혼해서 지금 껏 행복하다고 느낀 적은 한번도 없어."

"우리는 아예 만나지 말았어야 할 사람들이 야."

이것은 두 사람 관계의 부정적인 면을 강조한 말이다. 따라서 이런 말은 생각과 감정과 행동에 연쇄적으로 좋지 않은 영향을 끼친다.

'우린 정말 잘못 만난 걸까?'

그런 생각에 사로잡힌 사람이 상대에게 좋은 감정을 가질 수 있겠는가. 생각과 감정이 어긋나면 그것이 행동으로 나타나 두 사람은 언젠가 헤어지게 된다.

"당신처럼 책임감 없는 사람은 처음 봤어. 당신을 믿느니 통나무를 믿지."

아내가 이렇게 말하면 남편은 아무리 잘하려고 결심했다가도 '어차피 믿지 않을 텐데' 하는 생각이 들어 포기하게 될 것이다.

"계속 그러면 아예 집을 나가버릴 거야."

싸울 때마다 남편이 위협하듯 말하면 아내는 혹시 남편이 정말 떠나버릴지도 몰라 두려워하다가, 나중에는 화가 날 것이다.

'툭하면 나간다구? 맘대로 하라지.'

서로에 대한 부정적인 말에 얽매어 두 사람의 관계가 걷잡을 수 없이 악화되는 것이다.

이와 같이 관계가 대화를 만들기도 하지만 대화가 관계를 좌우하기도 한다. 따라서 남편과 아내는 좋은 대화로 좋은 부부관계를 만들도록 노력해야 할 것이다.

상대를 격려하고 힘을 주는 말이 있는가 하
면 상처주고 깎아내리고 좌절하게 하는 말도
있다.

"당신은 정말 대단해."

"잘해봐. 당신은 할 수 있어."

"모든 게 당신 덕분이야."

이런 말은 상대를 격려하고 힘을 주는 말이
다. 그 반면 다음의 말들은 상대에게 상처주고
깎아내리고 좌절하게 하는 말이다.

"뭐 하나 잘하는 게 있어야지."

"안 봐도 뻔하지. 당신은 아무리 발버둥쳐
도 안 돼."

"당신, 그럴 줄 알았어."

이 두 종류의 말은 상대에게 영향을 끼치는 면에서 하늘과 땅의 차이를 보인다.

남편 또는 아내로부터 앞의 말을 들으면, 자기도 모르게 기운이 솟고 뭐든지 할 수 있을 것 같고 살맛이 날 것이다. 하지만 뒤의 말을 들으면, '나는 아무리 애를 써도 안 돼' 하는 절망적인 생각과 함께 좌절하게 될 것이다.

단순한 소리의 울림에 그칠 수도 있는 말이지만, 뜻을 담을 때 이와 같이 상대를 살리기도 하고 죽이기도 하는 힘을 갖는다. 따라서 아무리 가까운 사이라도 말을 하기에 앞서 과연 상대를 살리는 말인지 죽이는 말인지 한 번 더 생각해보아야 할 것이다.

012
부부 사이의 대화는 자녀에게도 영향을 미친다

아이들이 부모를 닮는 것은 당연한 일이다. 얼굴이 닮지 않았으면 하다못해 발가락이라도 닮는다. 모습뿐만이 아니다. 말투, 즐겨 쓰는 단어 등 말씨도 부모를 그대로 닮는다. 식사를 할 때나 텔레비전을 볼 때 등 일상생활 가운데 부모가 나누는 대화를 듣고 자기도 모르게 영향을 받는 것이다.

"여보, 이거 오늘 옆집에서 이사왔다고 가지고 온 떡이에요. 좀 들어보세요."

"그래? 맛있게 생겼네. 당신도 먹어요."

서로를 챙기고 위하는 부모의 대화를 들으며 자란 아이들은 엄마나 아빠 못지않게 서로를 생각하는 마음이 지극하다.

"성일아, 연필 좀 빌려줘."

"내가 산 연필인데, 필요하면 형 가져."

아이들은 부모의 대화에서 더 나아가 사회생활까지 배운다. 다른 사람들과 어떻게 관계를 맺고 살아야 하는지 자연스럽게 배우는 것이다.

따라서 부모가 인격적으로 성숙한 사람이면 그 자녀 역시 반듯하고 올바른 말을 구사하겠지만, 그 반면 부모가 모든 면에서 미흡하다면 자녀의 대인관계도 바람직하지 않은 방향으로 뻗어나갈 것이다.

강압적인 부모 밑에서 자란 아이들은 나중에 반드시 가정 내에서나 사회에서 문제를 일으킨다. 이를테면 부모의 거친 말을 형제들끼리 주고받거나 부모에게서 들은 폭언을 그대로 부모에게 퍼붓기도 한다. 즉 가정불화란 어린 시절 부모가 아이에게 던진 거친 말들의 총결산이다.

지금까지 이렇다할 생각 없이 주고받아온 부부 사이의 대화가 자녀들에게 중대한 영향을 미친다는 것을 알았으면 건강하고 올바른 대화를 위해 보다 더 노력해야 할 것이다.

부모는 자녀의 삶에 가장 큰 영향을 주는 사람이다. 즉 그 인생의 모범이 되는 사람이다. 특히 자녀가 어릴 때 부모는 그 성장과 발달에 의미 있는 변화를 일으키는 중요한 역할을 한다. 그 방법이 바로 대화다.

자녀들은 대화를 통해 부모로부터 다른 사람의 감정을 고려하는 법, 상대의 의견을 존중하고 배려하는 법, 말을 해야 할 때와 침묵할 때 등을 배운다. 하지만 부모는 자녀에게 단순히 어떤 방법을 가르칠 뿐만 아니라, 끊임없이 대화를 하며 더 넓은 세계, 인생의 밝은 전망을 보여주어야 한다.

자녀들에게 정신적으로 언제 어떤 상황에서든 같은 편이라는 안도의 느낌을 주는 한편, 육체적으로도 잘 성장할 수 있도록 이끌어주는 것, 그것이 바로 부모가 해야 할 일이다.

별다른 말썽 없이 잘 자라 부모의 자랑거리
가 되는 아이가 있다. 한번도 시키는 일을 거
역한 적도 없고, 눈에 거슬리거나 마음에 안
드는 일을 한 적도 없다. 그러던 아이가 사춘
기에 접어들면서 갑자기 엇나가기 시작했다.
이렇게 하라면 저렇게 하고 저렇게 하라면 이
렇게 한다. 부모 마음에 안 드는 친구도 사귀
고 옷차림도 이상해졌다. 사춘기는 말 그대로
'질풍노도의 시대'다. 그동안 꾹꾹 눌러왔던
감정이 화산처럼 일시에 폭발할 수도 있는 시
기다. 그럴 때 부모는 어쩔 줄 몰라하며 몹시
당황하게 된다.

"지금껏 말 잘 듣던 애가 갑자기 왜 이러는지 모르겠어요."

아이들은 말을 잘 안 듣는 것이 정상이다. 대부분의 아이들은 한 번 말해서 듣는 경우가 거의 없고, 적어도 두세 차례 재촉을 받은 후에야 겨우 못 이기는 체 몸을 일으킨다. 그런 아이들에게 '이건 해라', '이건 하지 마라' 일일이 간섭을 하며 얌전하게 만들어놓았으니, 부작용이 생길 것은 뻔한 노릇이다. 얼마든지 큰 나무로 자랄 수 있는 식물을 사람의 욕심에 따라 철사로 얽어매어 분재로 만드는 것과 같은 이치다.

분재와 마찬가지로 이래도 저래도 조용하고 얌전한 아이는 왠지 위험해 보인다. 자신의 의지와는 상관없이 부모의 뜻에 따라 착해져야만 했기 때문이다. 그런 아이는 호기심이라든지 창의력을 발휘하는 일에 문제가 있다. 자유로운 생각과 행동에 제약을 받기 때문이다.

그 심각성은 아이가 자라 어른이 되면 더욱

두드러진다. 지나치게 말 잘 듣는 아이는 주관
이 분명치 못하고 일에 대한 판단력과 대처 능
력이 눈에 띄게 떨어진다. 부모는 물론이고 주
위사람들의 비위를 거스르지 않고 따르는 데
익숙하기 때문이다.

그뿐만이 아니다. 실패하고 잘못할 것이 두
려워 모든 일에 적극적으로 나서지 못한다.
그 결과 자기 인생의 주인이 되지 못한 아이
는 실패자의 멍에를 쓴 채 평생을 살아갈 수
도 있다.

002
부모의 욕심이나 취향보다 중요한 것
은 아이의 꿈이다

부모들은 아이가 시키는 대로 하지 않으면
한숨을 쉬며 말한다.

"이게 다 너 잘되라고 하는 말이야."

물론 부모가 자기 아이 잘못되라고 하진 않
을 것이다. 하지만 냉정하게 생각해보면 부모
의 말 모두가 아이를 위해 하는 말은 아니다.
자기 아이들은 어때야 한다는 기준을 정해놓
고 거기에 못 미칠 때 화를 참지 못해 하는 말
일 경우도 많다.

부모의 역할은 아이들이 진정으로 원하는
것과 이루고 싶은 것을 위해 노력할 수 있도록
돕는 것이다. 어떤 꿈이라도 괜찮다. 아이가

꿈꿀 수 있도록 하고, 그 꿈을 위해 노력하게 하는 것이 중요하다.

그런데 부모들 가운데는 아이들이 '하고 싶어하는' 것보다 자신이 '하고 싶어했던' 것을 강요하는 사람들이 있다. 가령 학자가 되고 싶었던 아빠는 아이가 공부를 잘하기 원하고, 피아니스트가 꿈이었던 엄마는 피아노 배우기를 원한다. 아이가 공부에 취미가 없고, 또 피아노를 배우기보다 그림 그리기를 더 좋아한다는 사실은 무시한다. 엄마 아빠의 꿈이 바로 아이의 꿈이 되고 목표가 되는 것이다. 일종의 대리만족이다.

자기 꿈이 무엇인지, 자기가 진정으로 원하는 게 무엇인지 알지 못한 채 부모가 시키는 대로 하는 아이는 불행하다. 아이가 행복해지려면 스스로 하고 싶은 것, 이루고 싶은 것, 가지고 싶은 것을 위해 노력해야 한다.

"네 꿈이 뭐냐?"

아이에게 이렇게 물을 수 있는 부모가 되어

야 한다. 한 사람의 인생에서 부모의 욕심이나 취향보다는 그가 마음속에 간직하고 있는 꿈이 훨씬 중요하니까.

003
아이는 부모의 소유물이 아니다

사람이란 자신의 말이 상대방에게 영향을 미치지 못한다고 생각하면 맥이 빠진다. 좌절하게 되는 것이다. 부모와 자녀 사이에는 그런 경향이 특히 강하다.

사실 갓난아이는 부모 없이는 한 순간도 살아갈 수 없다. 따라서 그 삶을 전적으로 부모에게 의존한다. 부모는 아이를 보살피는 대신 그 아이에 대해 강력한 권위를 갖게 된다. 그렇게 아이를 키우다 보면 어느 결엔가 자기 생각과 아이의 생각이 같아야 한다고 여기게 되며, 그렇지 않을 때는 좌절을 느낀다.

부모 입장에서는 부인할지 모르지만, 마음

깊은 곳에는 '아이에게는 내가 없으면 안 된다. 아이는 나의 분신이자 소유물이다' 하는 생각이 자리잡고 있기 때문이다. 그들은 아이가 자신들과 다른 성격, 다른 생각을 가지고 있다는 사실을 결코 받아들이지 못한다. 아이는 무조건 부모 말을 들어야 한다고 생각하는 것이다. 하지만 그런 생각이 바로 대화를 가로막아 아이의 입을 다물게 한다.

"엄마가 그렇게 하라고 했는데, 왜 안했어?"

"아빠가 시키는 대로 안하더니, 잘됐구나."

만약 아이에게 이런 말을 지나치게 많이 하고 있는 부모라면, 스스로를 돌아보아야 한다. 그리고 자신이 과연 아이에게 꼭 필요한 말을 하고 있는지 생각해보아야 한다.

그런 경우 부모에게 어떤 문제가 있다기보다는 진심으로 화가 나고 좌절해서 앞뒤 생각 없이 하는 말일 수 있다. 그렇다고 용서가 되는 것은 아니다. 숨을 깊이 들이마신 다음, 다

움과 같이 차분하게 자기 마음을 전달하는 것이 훨씬 효과적이다.

"엄마가 볼 때는 그게 맞는 것 같은데, 네 생각은 어때? 네가 어떤 중요한 결정을 할 때 옆에서 도움이 되는 말을 하는 것이 엄마로서의 도리라고 생각해."

학교에서 돌아온 아이의 어깨가 축 처져 있다. 무슨 일이 있었는지 묻자, 아이는 한참 뜸을 들인 후 가장 친한 친구와 다툰 이야기를 한다.

"다른 때처럼 '몽당연필!' 하고 불렀더니 갑자기 화를 벌컥 냈어요."

"체격이 좀 작은 모양이구나."

아이는 힘없이 고개를 떨어뜨린다.

"엄마도 어렸을 때 그런 적이 있어. 친한 친구가 여드름이 많은 편이라 별명이 멍게였어. 어느 날 평소처럼 그 별명으로 불렀더니, 별안간 얼굴이 굳어져서 집으로 가버리더라구."

"그래서 어떻게 했어요?"

아이가 호기심이 생긴 듯 바짝 다가앉는다.

"사실 그애는 여드름이 많다는 게 콤플렉스였어. 그 마음을 헤아리지 못한 내가 잘못이지. 그래서 집으로 찾아가서 진심으로 사과하고, 다시는 그런 별명 부르지 않겠다고 했어."

"그랬더니 뭐라 그래요?"

"응, 자기도 속좁게 화내서 미안하다고 하더군. 갑자기 여드름이 많아져서 속상한데 그 소리를 들으니까 욱하더래."

아이는 문득 생기가 도는 얼굴로 일어선다.

"엄마, 나 좀 나갔다 올게."

물론 잠시 후에 돌아온 아이의 얼굴은 평소와 다름없이 밝았다.

친한 친구와 다투거나 어떤 일을 그르쳤을 때, 아이는 부모로부터 이해받고 위로받기를 원한다. 그런 때 엄마나 아빠의 경험을 이야기해주는 것이다.

'그런 일은 나만 겪는 게 아니구나. 엄마나

아빠도 나와 똑같네.'

부모가 그 정서에 공감하는 것만으로 충분히 위로가 되어 아이의 마음이 열리는 것이다.

005
버릇을 고치는 데도 지혜가 필요하다

"학교 끝나면 바로 집으로 오라고 했잖아."

"먼저 숙제부터 한 다음에 놀라고 했지?"

무조건 아이의 버릇을 고치겠다고 나서는 것이 부모가 자주 저지르는 실수 가운데 하나다. 아이의 나쁜 버릇은 반드시 고쳐주어야 부모로서의 의무를 다하는 것이라고 생각하는 것이다.

기회는 아이들이 자라는 동안 여러 차례 찾아온다. 이번 기회를 놓친다고 해서 큰일이 나는 것은 아니다. 그런데도 마치 기회가 한 번밖에 없는 것처럼 초조하게 생각하는 사람들이 있다. 어떤 부모들은 엄한 표정으로 야단을 치거나 매를 든다. 그래야 두 번 다시 나쁜 버릇이 나오지 않는다는 것이다.

버릇을 잡겠다고 무섭게 야단을 치거나 매를 들면, 아이는 결코 바뀌지 않고 부모와의 관계만 멀어질 뿐이다. 부모는 야단을 치거나 때림으로써 아이 스스로 무엇을 잘못했는지 깨닫기를 바라지만, 사실 아이가 느끼는 것은 부모에 대한 두려움뿐이다. 그런 일이 되풀이되면 아이의 마음속에서는 슬그머니 반항심이 일어난다.

'내가 뭘 그렇게 잘못했다는 거야?'

버릇을 고치려다가 관계 자체를 아예 망쳐버리는 일이 일어나는 것이다.

따라서 아이와의 관계에서도 지혜가 필요하다. 부모가 아이의 반항적인 기분을 이해하고 양보하는 모습을 보인다면, 다음번에는 아이가 한 발 물러설 수도 있다. 아이도 그만큼 마음의 여유가 생기기 때문이다.

006
자존감을 살려주어야 자신감이 생긴다

부모들은 아이에게도 자존심이 있다는 사실을 깨닫지 못한다. 그래서 아이가 어떤 일에 도전했다 실패하면 본의 아니게 아이의 자존심을 짓밟곤 한다.

"넌 애가 왜 그 모양이니? 내가 너라면 그렇게는 안하겠다."

"그런 일 하나 못하다니, 넌 정말 구제불능이야."

그럴 경우 아이는 자기는 아무것도 할 수 없는 사람이라고 생각하며, 자신에 대해 부정적인 이미지를 갖게 된다. 자존감을 잃게 되는 것이다. 아이의 자존감을 살려주는 일은 그 장래와 직결되어 있다. 따라서 부모들은 아이의 실패를 지적하기 전에 먼저 그 자존감을 살려주기 위해 어떻게 하면 될지 생각해야 한다.

하지만 자존감은 하루아침에 만들어지는 것이 아니다. 어린 시절부터 지혜로운 부모 밑에서 적절한 사랑과 격려를 받으며 자랄 때 천천히 뿌리를 내려, 성인이 되었을 때 마침내 그 열매를 맺게 되는 것이다.

아이가 자존감을 잃었을 때 부모가 할 일은 무엇보다 먼저 긍정적이고 희망적인 말을 해주는 것이다.

"괜찮아. 이번엔 실패했지만 다시 도전하면 돼. 넌 반드시 잘할 수 있을 거야."

부모의 이런 말은 아이에게 용기와 자존감을 갖게 하여 다시 도전할 수 있는 자신감을 심어준다.

부모로서 아이에게 자신감을 심어주는 것만큼 중요한 일은 없다. 자신감만 있다면 아이는 아무리 어려운 일이 닥쳐도 무난히 헤쳐나갈 수 있고, 자기 자신에 대한 부정적인 이미지를 긍정적인 것으로 바꿀 수 있다.

부모의 노력에 의해 모든 일에 자신감이 생긴 사람들은 새로운 일에 도전하는 것을 꺼리지 않으며, 만약 실패하더라도 좌절하거나 실망하지 않는다. 오히려 실패의 원인이 무엇인지 철저히 분석하여 앞으로의 성공에 도움이 되는 일로 만든다.

부모가 신경쓰지 않게 공부도 잘하고, 준비물도 잘 챙기고, 동생도 잘 보살펴주고, 인사성도 바르고, 친구들과도 잘 지내고…… 아이들이 모두 이렇다면 얼마나 좋겠는가. 하지만 부모 마음에 쏙 드는 그런 아이는 없다. 끊임없이 잘못을 저지르고, 눈에 거슬리는 짓을 하고, 실수를 한다. 아이에게 좋은 부모가 되고 싶은데, 생각했던 것과는 거리가 먼 행동을 한다. 그러면서도 또한 사랑스러운 것이 아이들이다.

아이가 눈에 거슬리는 짓을 할 때 부모들은 갈등하게 된다.

'뭐라고 한마디 해야 하나, 말아야 하나?'

목구멍까지 올라온 말을 그냥 삼키기도 한다. 그래도 번번이 봐줄 수는 없다. 정 안 되겠다 싶으면 작정하고 말을 꺼낸다.

"동생하고 사이좋게 지내라고 했지? 동생은 너보다 약하니까 때리면 안 돼."

하지만 아무리 옳은 말이라도 자주 하면 잔소리가 되는 법이다. 부모는 아이에게 자신의 생각과 느낌을 다 이야기해서는 안 된다. 보는 대로 이야기하고 지적하다 보면, 아이의 귀까지 전달되지 않고 부모의 권위는 떨어진다. 아이에게 하고 싶은 이야기가 잘 전달되도록 하려면, 사소한 일은 그냥 지나치고 중요한 일만 강조하는 지혜가 필요하다.

따라서 부모는 말을 하기 전에, 아이에게 주의를 주고 싶은 것이 사소한 일인가 중요한 일인가 잘 판단해야 한다. 그래야 아이에게 반드시 가르쳐야 할 것을 효과적으로 전달할 수 있다.

아이와 대화를 잘하려면 우선 그 말에 귀를 기울이라고 한다. 경청, 곧 상대의 말을 잘 듣는 것은 아무리 강조해도 지나치지 않다. 그저 말없이 고개를 끄덕이며 들어주는 것이 바로 경청이다. 경청하고 공감하는 사람에게 마음 속에 담아두었던 말을 더 솔직하게 털어놓게 되는 것은 당연한 일이다.

아이들의 경우도 마찬가지다. 부모가 아이의 말을 잘 들으려면 정신적으로나 육체적으로나 준비가 되어 있어야 한다. 즉 먼저 마음의 문을 열어야 한다. 그리고 들으려는 자세를 취해야 한다.

"할 말 있으면 해봐."

아무리 그렇게 말해도, 청소를 하거나 저녁 준비를 하거나 하는 부산한 분위기에서는 말할 기분이 안 날 것이다.

차분하게 앉아서 들을 준비가 되었음을 보여주면, 비로소 아이도 엄마가 자기 이야기를 들어줄 의향이 있음을 알고 입을 열게 되는 것이다.

"사실은……"

아이가 어떤 생각을 가지고 있는지 알고 싶은가. 그렇다면 우선 그 말을 잘 들을 준비가 되어 있어야 한다. 진정으로 아이를 사랑하는 부모라면, 그가 무슨 생각을 하고 있는지 잘 듣고 힘든 일이 있을 때는 용기를 북돋아주어야 한다. 그리하여 더 나은 방향으로, 더 빨리 어려움을 극복할 수 있도록 도와주어야 한다.

009
잘못했을 때는 부모도 깨끗이 인정하는 것이 좋다

부모는 아이들에게 완벽한 사람으로 보이기를 원하므로, 미안하다고 말하는 것을 힘들어한다. 자신의 잘못이나 실수를 인정하면 어쩐지 부모로서의 권위를 잃는 일인 것 같다. 그래서 그냥 덮어버리는 것이 좋다고 생각하는 것이다.

하지만 부모도 사람인 이상 실수나 잘못을 하지 않을 수 없다. 그런 때 자녀가 잘못이나 실수를 지적하면 당황하게 된다. 누구나 자기 잘못이나 실수를 지적당하면 기분이 나쁘다. 지적하는 것이 다른 사람이 아니라 자녀일 때는 특히 더 기분이 상해서 감정적이 되기 쉽다.

'이제 다 컸다고 나를 우습게 아나?'

사실 실수나 잘못이란 누구나 할 수 있는 것이므로, 부모라고 해서 부끄럽게 생각할 필요는 없다. 감정적이 된다거나 어설프게 변명을 하다 보면 오히려 역효과가 날 수 있다. 잘못하거나 실수를 했으면 부모라도 깨끗이 인정하는 편이 더 낫다.

"엄마가 잘못했어. 앞으로는 안 그럴게."

자녀의 지적은 대개 구구한 변명을 할 수 없이 옳은 경우가 많다. 그런데도 부모라는 이유로 자녀의 지적을 기분 나쁘게 받아들이면 부모와 자녀 사이에 갈등이 생기는 원인이 된다.

부모 스스로 잘못이나 실수를 인정하면, 우선 자녀와 대등한 관계에서 대화를 할 수 있다. 또 자녀는 부모의 경우에서 잘못이나 실수를 인정하면 용서받을 수 있다는 사실을 배운다. 그리고 잘못했다는 말을 들음으로써 부모로 인해 받은 감정적 상처가 아물게 된다.

잘못했다는 말을 건네는 순간, 부모와 자녀 사이에 있던 찜찜함은 사라지고 서로 대화가 통하는 성숙한 관계가 시작될 것이다.

010
눈앞의 일만 가지고 나무라야 한다

　아이들을 키우다 보면 어쩔 수 없이 잔소리를 입에 달고 살게 된다. 아침에 5분만 일찍 일어나서 서둘러라, 수업 마치면 바로 집으로 와라, 놀다 들어오면 반드시 손을 닦아라. 숙제부터 먼저 하고 만화영화를 보아라 등, 아이 귀에 딱지가 앉을 정도로 해야 할 말은 셀 수 없이 많다.

　한 번 말해서 알아듣는 아이는 없다. 이미 버릇처럼 굳어진 어떤 행동을 바꾼다는 것은 아이들로서는 참으로 힘든 일이다. 그러니 그렇게 잔소리를 들어도 같은 잘못을 되풀이하는 것은 지극히 당연한 일이다.

거의 날마다 이런 과정을 겪다 보면, 부모들은 어느 정도까지 아이의 행동을 허용해야 할지 몰라 갈등을 겪게 된다. 그러다가 대부분은 결국 자기 감정을 드러내고 만다.

"지금까지 수도 없이 말했는데, 아직도 그 버릇을 못 고쳤구나. 도대체 몇 번이나 더 말해야 되는 거냐?"

이 말은 전부터 아이를 계속 지켜보고 있었고, 그것 때문에 엄마나 아빠 마음이 불편했다는 사실을 드러내는 셈이다. 따라서 듣는 아이 입장에서는 기분이 언짢을 수밖에 없다.

'뭐야, 그럼 엄마는 나를 볼 때마다 그런 생각을 했다는 거잖아.'

이렇게 굳이 지난 일을 들추어가며 문제를 더욱 크게 만드는 것은 올바른 해결책이 아니다. 따끔하게 나무라는 것까지는 좋지만, 지금 눈앞에서 한 행동만 가지고 나무라야 아이도 반발하지 않고 수긍하게 된다.

너무나 당연한 이야기지만, 부모 입장에서 아이들이 자기 마음을 잘 몰라줄 때는 섭섭하고 속상하다. 부모도 사람인 이상 그런 감정을 느끼는 것은 지극히 자연스러운 일이다. 그러나 그 방법이 문제다.

감정을 잘 표현하려면 '너'가 아니라 '나'의 느낌을 이야기해야 한다.

"어딜 갔다 이제 오니? 휴대전화도 꺼놨더구나. 너는 도대체 왜 그렇게 부모 걱정을 시키는 거냐?"

아이가 귀가시간에 늦었을 때 대부분의 부모가 다짜고짜 하는 말이다. 이것은 '너'의 행동을 중심으로 한 말이다.

이에 반해 '나'를 중심으로 하는 말은 아이의 잘못된 행동에 대한 '나'의 느낌을 이야기한다.

"네가 늦게 와서 엄마가 얼마나 걱정을 했는지 알아? 혹시 사고라도 난 게 아닌가 몹시 불안했어."

무조건 화부터 내는 것이 아니라, 아이가 집에 늦게 오는 바람에 얼마나 걱정스럽고 불안했는지 자기 느낌을 이야기하는 것이다.

여기서 문제가 된 아이의 행동은 늦은 귀가 시간이다. 그리고 그에 대한 부모의 감정은 걱정스럽고 불안한 것이다. '나'를 중심으로 한 이 방법은 아이가 무엇을 잘못했는지, 엄마가 무슨 일로 걱정하고 불안하게 생각했는지 이해하기 쉽게 만들어준다.

아마 아이는 엄마의 그 느낌에 공감하며 순순히 이렇게 말할 것이다.

"친구가 아이들에게 왕따를 당했다며 그 일

로 하소연을 해서요. 그래서 휴대전화도 꺼놨
던 건데…… 엄마가 그렇게 걱정하실 줄은 몰
랐어요. 다시는 안 그럴게요."

감정을 표현하되 감정적이 되면 안 된다

아이에게 자신의 감정을 드러내는 것을 주저하는 부모들이 있다. 사람이 그 감정을 표현한다는 것은 지극히 자연스러운 일인데도 부모는 자식 앞에서 약한 모습을 보이면 안 된다고 생각하기 때문이다.

그런 사람들에게 감정을 드러내는 것은 곧 자신의 약한 부분을 보이는 것이다. 그래서 자기 감정은 억누른 채 아이를 질책한다.

"넌 공부는 뒷전이고 게임만 하는구나. 그러다 꼴찌하면 어떡할 거냐?"

이런 때 감정 표현을 잘하는 부모는 이렇게 말할 것이다.

"엄마는 정말 속상해. 게임하다가 공부에 영영 흥미를 잃게 되면 어쩌나 걱정이 돼. 적당히 절제하면 좋겠는데."

아이들은 엄마가 어떤 마음으로 게임을 말리는지, 자기가 무엇을 잘못했는지, 또 앞으로 어떻게 해야 하는지 깨닫게 된다. 이와 같이 부모의 감정 표현은 아이의 마음을 움직이고 행동을 변화시킬 수 있는 가장 효과적인 방법이다.

그런데 이때 부모가 한 가지 명심해야 할 일이 있다. 자신의 감정을 표현하되 적당히 해야 한다는 것이다. 부모가 때때로 자신의 감정을 털어놓는다는 것은 자녀에게는 몹시 부담스러운 일이다.

"엄마는 모든 걸 다 포기하고 오로지 너만 바라보고 사는데, 네가 이러면 안 되지."

이런 말을 듣는 자녀는 얼마나 마음이 무겁겠는가. 따라서 교육적으로 꼭 필요하다고 여길 때만 솔직하게 감정을 표현해야 한다.

감정을 말로 표현하는 것은 중요한 일이다. 하지만 부모와 자식 사이의 올바른 소통을 원한다면, 지나치게 감정적이 되지 말아야 한다.

아이들을 헷갈리게 하는 부모의 말이 있다.

"공부는 잘해서 뭐해? 그저 건강하게만 자라면 돼."

하지만 어느 때는 말이 또 달라진다.

"그렇게 공부해서 이 다음에 사람 구실이나 제대로 하겠니?"

아이들을 키우는 데 어떤 뚜렷한 원칙이 없는 부모의 변덕은 가치관에 혼란을 일으키는 원인이 된다. 그런 부모는 자기 기분이 좋으면 지나치게 관대하다가, 무엇인가 언짢으면 앞뒤 가리지 않고 나무란다. 같은 일을 두고도 이중의 잣대를 들이댄다. 가령 아이가 꽃병을 깨뜨렸을 때 그 반응은 극과 극이다.

"그런 건 깨져도 괜찮아. 너만 안 다쳤으면 되지."

"넌 왜 하는 일마다 그 모양이냐?"

이렇게 같은 일에 대한 서로 다른 반응은 아이들로 하여금 이러지도 저러지도 못하게 한다. 결국 아이들은 학교에 가서는 선생님, 사회에 나가서는 상사의 기분을 살펴 자기 처신을 결정하는 줏대 없는 사람이 되고 만다. 그리고 주변 사람의 평가에 지나치게 민감하여, 무슨 일을 하든 과감하지 못하고 눈치만 살피는 기회주의적인 사람이 되기 쉽다.

어떤 경우에는 부모의 변덕스러운 태도가 마음의 상처가 되어 모든 사람을 불신하기도 한다. 자신의 실수에 상사가 너그러운 태도를 보이면 '어차피 나중에 책임을 물을 거면서······' 하며 자기도 모르게 마음의 빗장을 걸어잠근다.

일단 어떤 원칙을 정하면 그 나머지 문제는

자동적으로 다 해결된다. 따라서 부모는 아이들 교육을 어떻게 할 것인지, 뚜렷하고 흔들리지 않는 원칙을 정하는 것이 무엇보다 중요하다.

PART 5
유머 대화법

유머는 상대의 마음을 사로잡고 굳어진 감정을 풀어준다. 어둡고 우울한 분위기를 밝고 활기차게 바꾼다. 유머는 웃음을 만들고, 자신을 비롯한 모든 사람을 즐겁게 한다. 웃음은 사람 사이에 가로막힌 벽을 없애준다.

유머를 아는 사람은 긍정의 눈을 가지고 누구보다 행복한 삶을 영위하며, 가족은 물론이고 주위사람까지도 행복하게 만들어준다. 똑같은 상황이라도 긍정의 눈으로 보면 희망이 보인다. 긍정의 눈을 갖게 하는 유머야말로 가장 위대한 인간정신이라고 할 수 있다.

001
말을 잘하려면 먼저 상대의 말을 잘 들어야 한다

인간경영과 자기계발로 유명한 데일 카네기가 말했다.

"칭찬하는 말에는 넘어가지 않는 사람도 자기 말에 귀기울여주는 사람에게는 넘어간다."

평소에 사람들이 얼마나 남의 말을 잘 안 듣고 자기 주장만 내세우고 사는지 되돌아보게 하는 말이다.

남의 말을 잘 듣는 사람이 곧 말을 잘하는 사람이다. 상대에 대한 배려 없이 자기 말만 많이 하려고 하기보다 되도록 상대의 말을 잘 들어주는 것이 중요하다.

어느 날 늦게 퇴근한 남자가 품에서 영화표 넉 장을 꺼내놓으며 부인에게 말했다.

"주말마다 잠만 자서 미안해. 이번 주말에는 영화라도 좀 봐."

남편의 말을 들은 부인이 신이 나서 말했다.

"그런데 왜 표가 넉 장이나 돼? 애들도 주말에는 체험학습 가는데."

"당신하고 당신 친구, 친구 아이들 두 명."

사과의 말에 기뻤했던 아내는 남편의 지나친 배려에 쓴웃음을 지을 수밖에 없었을 것이다.

말을 많이 하다 보면 실수를 하게 마련인데, 잘 들어주는 사람은 가만히 있어도 점수를 얻게 된다. 인내심을 갖고 다른 사람의 말을 잘 들어준다면 좋은 인상을 주지만, 대부분의 사람들은 자기가 다음에 할 말을 생각함으로써 상대의 이야기를 잘 못 듣는다고 한다.

끊임없이 자기 이야기만 한다면 누가 그 사

람을 계속 만나고 싶겠는가. 말을 많이 해야
잘난 것이라고 생각한다면 다른 사람의 소리
를 들을 수 없다. 내가 먼저 관심을 갖고 진심
으로 대한다면 상대도 거기에 호응할 것이다.

사랑은 생각보다 많은 것을 필요로 하지 않
는다. 상대의 말을 가슴 아래로 끌어내려 귀기
울여주는 것이 바로 사랑이다.

002
성공하는 사람은 말하는 것이 다르다

일자리를 구하지 않고 집에서만 빈둥대는 동생에게 누나가 말했다.

"아빠하고 나는 하루 종일 직장에서 일하고 엄마는 집안일을 열심히 하시는데, 너는 도대체 뭐하는 거야?"

누나의 말에 동생이 여유 있는 목소리로 대답했다.

"모두 그렇게 일만 하니까…… 가족 중 누구 하나는 쉬어야 하잖아."

성공하는 사람은 말하는 것이 다르다고 할 때, 이 짤막한 유머 속의 동생은 성공할 가망이 거의 없다고 해도 과언이 아니다.

부정적 사고방식을 가진 사람은 주어진 환경에 대한 불만을 털어놓곤 한다.

"아무리 애써도 난 안 돼."

"틀렸어. 뭐 가진 게 있어야지."

이런 사람들은 존스홉킨스 병원 재활의학과 의사인 '슈퍼맨 의사' 이승복을 모델로 삼을 필요가 있다.

이승복은 여덟 살 때 미국으로 건너가, 올림픽에서 금메달을 따겠다는 꿈을 꾸며 촉망받는 체조선수로 자랐다. 그러나 성공이 눈앞에 다가온 순간 혼자 도약 연습을 하다 사고를 당해 전신마비 장애인이 되었다.

한동안 절망감과 패배감에 젖었던 그는 마침내 의사가 되기로 결심했다.

"의사가 되는 것이 잃어버렸던 꿈을 되찾는 길이라고 생각했습니다. 그래서 체조에 대한 열정을 공부에 쏟았죠."

재활훈련을 받으면서 공부를 시작한 이승복은, 명문 다트머스 의대를 수석졸업하고 마

침내 의사가 되었다. 주어진 환경을 벗어나고
자 하는 그의 말이 그를 성공으로 이끌었던 것
이다.

003

긍정적인 말은 불행을 이기는 능력이 있다

　　스티븐 호킹은 빅뱅 이론을 정립한 천재물리학자로 '제2의 아인슈타인'으로 불린다.

　　그는 케임브리지 대학 박사과정에 있을 때 루게릭병 진단을 받았다. 루게릭병은 근육이 점점 수축되어 심장근육에까지 이르면 사망하는 병이다.

　　육체로 할 수 있는 것이 하나도 없고 언제 죽을지 모르는 병이지만, 그는 놀랍게도 전보다 행복해졌다고 말했다.

　　"만일 내가 사형선고를 받았고 지금이 집행유예기간이라면, 하고 싶은 일이 너무 많습니다."

　　항상 유머 감각과 여유를 잃지 않는 것도 그

의 강점이다.

"루게릭병이 아니었더라도 지금 같은 물리학자가 되었을까요?"

이 질문에 스티븐 호킹은 말했다.

"병이 아니었으면 읽고 쓰는 일에 지금같이 많은 시간이 필요하지 않았을 것입니다. 그 대신 강연하고 시험 점수 매기느라 연구를 제대로 못했을 테지요. 하하. 결국 루게릭병이 나를 오늘날과 같은 이론물리학자로 만든 셈입니다."

휠체어에 앉아 움직일 수 있는 것이라고는 왼손의 손가락 두 개와 얼굴 근육 일부분뿐이다. 게다가 폐렴으로 기관지 수술을 받은 후 목소리마저 완전히 잃었다. 그런 가운데서도 웃음을 잃지 않는 여유가 대단하다.

모든 것은 생각하기 나름이다. 현재가 아무리 좋지 않더라도 더 나쁜 경우를 생각하며 긍정적인 말을 할 때 얼마든지 상황이 달라질 수 있는 것이다.

004
운명을 내 편으로 만드는 것은 밝고
유쾌한 생각이다

벽돌공 셋이 벽돌을 쌓고 있었다.

지나가던 사람이 다가와서 물었다.

"뭘 하고 있는 겁니까?"

첫 번째 벽돌공은 고개도 돌리지 않고 퉁명
스럽게 말했다.

"벽돌 쌓고 있는 게 안 보입니까?"

두 번째 벽돌공은 미소를 지으며 말했다.

"건물을 짓고 있는 중입니다."

세 번째 벽돌공은 콧노래를 흥얼거리며 즐
거운 듯 말했다.

"아름다운 도시를 건설하고 있습니다."

세월이 흐른 뒤 첫 번째 벽돌공은 여전히 공

사장에서 벽돌 쌓는 일을 했다. 두 번째 벽돌 공은 건축가가 되었다. 세 번째 벽돌공은 그 두 사람을 부리는 사장이 되었다.

밝고 유쾌한 벽돌공의 말이 미래의 성공을 도운 것이다.

어느 추운 날 달팽이가 사과나무를 기어오르고 있었다. 달팽이가 느린 속도록 조금씩 위를 향해 올라가고 있을 때, 나무껍질 틈새에서 벌레 한 마리가 튀어나오더니 말했다.

"너는 쓸데없이 힘을 낭비하는구나. 저 위에는 사과가 한 개도 남아 있지 않아."

그래도 달팽이는 쉬지 않고 나무를 기어올랐다.

"내가 저 꼭대기에 닿을 때쯤이면 틀림없이 사과가 열릴 거야."

힘든 일이 있어도 쉽게 포기하면 안 된다. 오늘이 아무리 절망적이라 해도 내일을 기대

하며 밝고 유쾌한 생각을 할 때, 운명은 바로
내 편이 된다.

시내 한복판에서 한 여자가 순찰 중인 경찰
에게 달려와 숨을 헐떡이며 말했다.

"수상한 젊은이가 자꾸 좇아와요. 제가 처
녀로 보이나 봐요. 좀 취한 것 같아요."

경찰이 그 여자를 아래위로 훑어보더니 빙
긋 웃으며 말했다.

"아마 술을 깨면 괜찮을 겁니다."

경찰의 센스가 여자의 말문을 막히게 한다.

서점에서 한 여자가 서가 이곳저곳을 살펴
보았다. 그러다가 원하는 책을 찾기 힘든지 계

산대에 있는 아가씨에게 도움을 청했다.

"저…… 〈돈 많은 남자를 만나는 법〉이란 책이 나왔다고 하던데, 도무지 찾을 수가 없네요."

그러자 계산대의 아가씨가 상냥한 목소리로 말했다.

"SF는 D구역에 있습니다."

돈 많은 남자를 만나는 것은 SF소설에나 나옴직한 이야기라는 유머다. 그 말로 헛된 꿈을 꾸던 상대를 민망하게 만들었다.

유머는 사물의 급소를 찌르는 효과를 지닌 마법과 같다. 또한 유머는 말하는 이의 품격을 높이며 부드러운 방법으로 상대를 설득하는 기술이다.

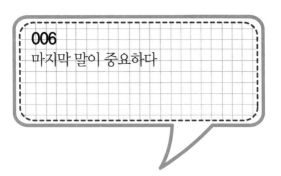

006
마지막 말이 중요하다

한 남자가 약국 앞에 급히 차를 세우고 뛰어 들어가서 말했다.

"빨리 체한 데 먹는 약 좀 주세요!"

약사는 다짜고짜 남자의 엄지손가락을 실로 묶었다. 그리고 바늘을 라이터로 달구어 손을 따기 시작했다.

"체한 데는 이만한 게 없죠."

그러자 남자가 당황스러운 표정으로 약사를 밀치며 말했다.

"내가 아니라 우리 마누라가 체했어요!"

마지막까지 다 들어보아야 상대의 의도를

알 수 있다.

　〈탈무드〉를 공부하던 유대 학생들이 도중에 담배를 피워도 되는지 안 되는지를 두고 논쟁을 벌였다. 그러다 한 학생이 랍비에게 물었다.

　"스승님, 〈탈무드〉를 공부하는 중에 담배를 피워도 되나요?"

　"안 돼."

　랍비의 어조는 단호했다.

　그러자 옆에 있던 다른 학생이 물었다.

　"스승님, 담배를 피우면서도 〈탈무드〉는 공부해야지요?"

　랍비는 이번에는 입가에 흡족한 미소를 지으며 대답했다.

　"물론이지. 당연히 그래야 하고말고."

　유머는 마지막 말이 중요하다. 함께 웃을 수 있는 말로 마무리를 할 때 기분 나쁜 감정도, 어색함도 다 사라질 것이다.

빡빡한 삶의 윤활유와 같은 역할을 하는 것
이 바로 유머다. 즉 유머란 상대에게 부드럽게
자기 생각을 전달하는 기술이다.

영국의 보건부 장관은 흔히 의사 출신이 맡
곤 했는데, 당시에는 수의사 출신이 임명되었
다. 장관은 중요한 법안을 통과시키려고 의회
에 출석했다. 의원들에게 그 법안의 필요성에
대해 연설을 하던 중 한 야당의원이 벌떡 일어
나 소리쳤다.

"장관은 수의사 출신 아니오? 그런 당신이
뭘 안다고 사람의 건강에 대해 얘기하는 거

요?"

순간 의사당 안은 찬물을 끼얹은 듯 조용해졌다.

그런데 장관은 화를 내거나 얼굴을 붉히지 않고 부드럽게 말했다.

"아, 맞습니다. 저는 수의사 출신입니다. 그러니 의원님께서도 아프시면 언제든지 오십시오. 잘 치료해 드리겠습니다."

그 말에 의사당 안은 박수와 웃음으로 가득 찼다. 물론 장관이 들고 나온 법안은 여야 할 것 없이 거의 모든 의원들이 찬성함으로써 무난히 통과되었다.

자기 생각을 전달하는 방법에는 여러 가지가 있다. 그중에서도 이런 부드러운 공격에는 아무리 날카로운 성격의 소유자라도 두 손을 들게 된다.

재판정에 선 전과 15범의 강도에게 판사가
꾸짖듯이 물었다.

"피고는 이 사회에 도움이 되는 일을 한 번
이라도 한 적이 있습니까?"

강도가 자신있게 대답했다.

"물론입니다, 판사님."

"그게 대체 뭡니까?"

"이웃 주민은 저를 신고해서 용감한 시민상
을 받고, 저를 잡았던 경관은 승진을 했어요.
취조를 맡았던 검사는 언론에 보도되어 인기
를 누렸구요. 교도관과 이송 담당자는 당장 잘
릴 위험이 적은 직업에서 오는 만족감을 오래

도록 즐겼습니다. 그 점은 재판장님도 마찬가
지일 것 같은데요."

자신이 많은 사람들에게 도움을 주고 있다
는 자부심을 가지고 살아가는 강도의 모습이
뻔뻔스러우면서도 우습다. 이 이야기는 과장
되게 희화한 것이지만, 상대가 움직이려면 뭔
가 도움되는 일이 있다는 확신이 있어야 한다.

양계업을 하는 한 남자가 한적한 시골 고속
도로변에 살았다. 그런데 날이 갈수록 교통량
이 늘어 그가 키우는 병아리들이 날마다 차에
치어 죽었다.

남자는 어느 날 파출소에 전화해서 말했다.
"과속으로 내 병아리를 죽이는 사람들에 대
해 조치를 좀 취해주시오."

다음날 경찰관은 인부들을 보내 이런 표지
판을 세우도록 했다.

'천천히 : 아이들이 놀고 있어요.'

하지만 차들은 오히려 더 빨라졌다.

남자가 경찰관에게 말했다.

"그런 표지판은 효과가 없습니다. 내가 직접 만들어 세우면 안 되겠습니까?"

"마음대로 하시오."

그 뒤로는 남자의 전화가 걸려오지 않았다.

3주쯤 후 그 남자가 세운 표지판을 본 경찰관은 입을 다물지 못했다.

나무판자에는 스프레이로 다음과 같이 씌어 있었다.

'나체족 거주지 : 속도를 줄이고 아가씨들을 잘 살피시오.'

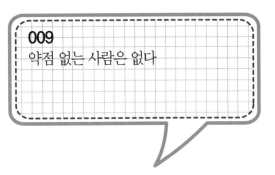

009
약점 없는 사람은 없다

평소 품행이 불량한 남자가 신부에게 고해
성사를 했다. 신부가 말했다.

"형제여, 정말 안타깝습니다. 언제까지 이
런 방황을 계속하실 겁니까? 하느님께서는 형
제가 하루라도 빨리 하느님의 품으로 돌아오
기를 고대하고 계십니다."

그러자 남자가 말했다.

"어제 미사드릴 때 자꾸 새로 오신 수녀님
을 힐끗거리시던데, 신부님은 언제쯤 하느님
의 품으로 돌아가실 겁니까?"

아무리 약점투성이인 사람도 찾아보면 장

점이 있고, 장점만 있는 것 같은 사람도 어딘가 약점이 있게 마련이다. 다른 사람의 약점을 잘 찾는 사람에게도 약점이 있다. 결정적인 순간엔 그의 약점을 들추어 꼼짝 못하게 만드는 '유머 신공'을 발휘할 수밖에 없다

매우 유능한 대장이 있었다. 부하들은 하나같이 그를 좋아하고 따랐다.

대장은 아침에 자기 방을 나설 때마다 금고에서 쪽지 하나를 꺼내어 들여다보았다. 그리고 그 종이를 소중하게 다시 금고에 넣었다. 부하들은 그 종이에 무엇인가 대단한 비밀이 적혀 있는 것이 틀림없다고 생각했다.

그러던 어느 날, 대장은 훈련 중 불의의 사고로 죽고 말았다.

장례를 치른 후 대장의 유품을 정리하던 부하들은 금고 속 종이에 적힌 내용을 볼 수 있었다. 거기에는 이렇게 적혀 있었다.

'왼발 나갈 때 오른손, 오른발 나갈 때 왼손'

유명한 형사와 그 조수가 야외에 텐트를 친 채 잠을 청했다.

밤하늘에 유난히 반짝이는 별을 보고 형사가 조수에게 말했다.

"저 별들을 보니 무슨 생각이 드나?"

"저렇게 별들이 많은 것을 보니 내일은 분명히 날씨가 맑을 것 같습니다. 범인은 주로 날씨가 좋지 않은 때에 행동을 개시하니까, 내일은 주변 피시방이나 오락실 등을 탐문하면 성과가 있을 것 같습니다. 어때요, 예전에 비하면 많이 발전했죠?"

"자네 말이 맞네만, 지금 우리 눈에 밤하늘

의 별이 뚜렷이 보인다는 것은 누군가 우리 텐트를 걷어갔다는 얘길세."

텐트도 없이 야외에서 잠을 청하는 것은 생각하기에 따라서는 서글픈 상황이다. 그것을 웃음으로 승화시켰다.

비판철학의 창시자로 알려져 있는 독일의 철학자 임마누엘 칸트의 이야기다.

미적 감각이 뛰어난 것으로도 유명한 그가 어느 만찬장에서 입고 있던 옷의 소매가 터졌다. 그렇다고 빠져나올 수도 없는 상황이라 그대로 자리를 지키고 있는데, 그것을 본 친구가 빙글빙글 웃으며 말했다.

"자네의 학식은 여기서도 얼굴을 내미는군."

그러자 칸트는 태연한 얼굴로 말했다.

"그런가? 용케도 발견했네. 그런데 그곳을 어느 멍청이가 들여다보고 있군."

세상의 모든 일은 생각하기 나름이다. 난처한 상황을 웃음으로 넘기면 참을 만한 것이 된다.

011
믿음은 사람을 변화시킨다

거북이 세 마리가 소풍을 갔다. 그런데 막상 도착해서 김밥을 먹으려고 보니 물이 없었다.

"이 일을 어쩌지? 누가 가서 물을 가져와야 겠네."

가위바위보를 해서 진 거북이가 집에 가서 물을 가져오기로 했다.

한 거북이가 가위바위보에서 졌다. 그 거북 이는 물을 가지러 간 사이에 다른 거북이들이 김밥을 다 먹을까 봐 걱정이 되었다.

"내가 다녀오는 동안 김밥을 먹으면 절대로 안 돼."

"알았어. 염려 말고 어서 갔다오기나 해."

이윽고 그 거북이는 물을 가지러 떠나고 나머지 거북이들은 기다렸다.

기다리다 지친 두 마리의 거북이는 너무 배가 고팠다.

"아무래도 안 되겠다. 딱 한 개씩만 먹자."

그런데 거북이들이 김밥 한 개씩을 막 입에 넣으려는 순간, 바위 뒤에서 물 가지러 간 거북이가 느릿느릿 기어나왔다.

"너희들, 그럴 줄 알았어. 내가 안 가길 잘했지."

서로가 서로를 믿지 못한 거북이들은 계속 배가 고팠거나, 아니면 물 없이 김밥을 먹고 체했을지도 모르겠다.

부모와 자녀 사이, 남편과 아내 사이 등 사람과 사람의 관계에서 가장 중요한 것은 서로를 믿어주는 태도다. 믿음은 사람을 변화시키는 가장 강력한 힘이다.

012
서두르다간 일을 그르친다

옆집에 사는 꼬마가 놀러 왔다.

귀염둥이 자라를 아이에게 보여주었다.

아이가 무서웠던지 자라는 네 발을 몸통에 밀어넣은 채 꼼짝도 하지 않았다.

기다리다 못한 꼬마가 말했다.

"아저씨, 이거 땅에 심어봐요!"

기다리면 언젠가는 네 발을 내놓을 텐데, 동그란 모양의 자라를 무엇인가의 열매로 생각한 꼬마의 시선이 재미있다.

아무리 길고 무더운 여름일지라도 시간이 흐르면 가을이 오기 마련이다. 초조해하거나 조바심하지 말라. 느긋하게 기다리면 언젠가는 이루어진다. '빨리'는 우리나라 국민성이라 할 수 있는 고질병이다. 식당을 가든 관공서를 가든 누가 쫓아오는 것처럼 '빨리'를 외친다. 예를 들어 외국사람은 자판기의 커피가 다 나온 후 불이 꺼지면 컵을 꺼낸다. 그에 비해 우리나라 사람은 자판기 눌러놓고 컵 나오는 곳에 손 넣고 기다린다. 그러다가 튀는 커피에 손을 데기도 한다.

서두르다가는 일을 그르친다. 성질 급한 알렉산더 대왕의 다음 일화가 그 증거다.

알렉산더 대왕이 이웃 나라에서 사냥개 두 마리를 선물받았다.

어느 날 대왕은 그 사냥개들을 데리고 토끼 사냥에 나섰다. 그런데 사냥개들은 토끼를 보고도 전혀 움직이지 않았다.

"아니, 이놈들이!"

알렉산더 대왕은 그 자리에서 사냥개들을

죽여버렸다. 그리고 사냥개를 선물한 이웃 나라 대신을 불러 소리쳤다.

"아무 짝에도 쓸모없는 개들을 왜 내게 선물했는가?"

그러자 이웃 나라 대신이 말했다.

"그 개들은 호랑이를 사냥하려고 오랜 시간 훈련시킨 값비싼 사냥개들입니다."

013

하늘이 무너져도 솟아날 구멍이 있다

어느 날 아침 한 작은 마을의 장난감가게 주인은 가게 문을 열다가 깜짝 놀랐다. 이 가게 바로 왼쪽 옆에 다른 장남감가게가 들어섰던 것이다.

새로 문을 연 가게는 커다란 간판을 내걸었다.

'최고상품 취급'

며칠 후, 이번엔 오른쪽에 또 다른 장남감가게가 문을 열었다. 그 가게도 커다란 간판을 내걸었다.

'최저가격 보장'

두 가게 중간에 끼이게 된 주인은 고민 끝에

커다란 간판을 내걸었다.

'출입구'

살다 보면 누구나 수세에 몰릴 경우가 있다.
그렇다고 위축될 필요는 없다. 하늘이 무너져
도 솟아날 구멍이 있다. 그런 때야말로 유머가
빛을 발한다. 유머란 수세를 공세로 만들고,
듣는 사람의 생각을 자기 페이스대로 바꾸는
것이기 때문이다.

미국 대통령이었던 케네디는 열정의 대명
사이다. 그는 세련된 유머와 여유 있는 웃음을
통한 상황 반전에 능한 사람이었다.

그가 43세의 젊은 나이로 대통령에 입후보
했을 때 상대는 산전수전 다 겪은 노련한 닉슨
이었다. 당연히 선거의 쟁점은 경륜이냐 패기
냐로 모아졌고, 닉슨은 그 싸움에서 우위를 차
지하기 위해 선거기간 내내 케네디를 '경험
없는 애송이'로 몰아붙였다.

이에 대해 케네디는 한 연설에서 이렇게 되받아친다.

"이번 주의 빅뉴스는 국제문제나 정치문제가 아니라 야구왕 테드 윌리엄스가 나이 때문에 은퇴하기로 했다는 소식입니다. 이것은 무슨 일이든 경험만으로는 충분하지 않다는 것을 입증하는 것입니다."

이것으로 케네디는 수세를 공세로 역전시켰다.

　　뛰어난 수단으로 엄청난 갑부가 된 사람의 고양이와 닭이 대화를 나누고 있었다.

　　고양이가 말했다.

　　"닭아! 요즘 넌 아침이 되었는데도 왜 울지 않니?"

　　닭이 말했다.

　　"자명종이 있으니까. 내가 울 필요가 없잖아. 그런데 너는 쥐가 가끔 보여도 왜 잡지 않니?"

　　고양이가 대답했다.

　　"이 집 주인은 필요가 없으면 무엇이든 정리해버리거든. 쥐가 가끔씩 보여야 나를 계속 필요로 할 거야. 그러니까 아침마다 우는 것에 대해 잘 생각해봐."

고정된 시각은 막힌 생각을 낳는다. 생각이 막히면 삶은 더 이상 발전이 없다. 하지만 시각을 달리하면 보이지 않던 것이 보인다. 눈앞의 것만 생각하는 닭과 눈에 보이지 않는 것까지 생각하는 고양이의 차이는 삶과 죽음으로 나뉠 수도 있다. 그것은 장자, 새, 사마귀, 매미에게도 해당된다.

장자가 밤나무 숲을 거닐다 별나게 생긴 새 한 마리를 발견했다. 날개도 크고 눈도 큰데, 가까이 다가가도 날아가지 않았다.

'나를 못 보는 걸까? 아니면 날지 못하는 걸까?'

장자는 이상하게 여기며 활을 겨누었다.

가만히 보니 새가 뭔가를 유심히 노려보고 있었다. 나뭇가지에 앉아 매미가 울고 있고 사마귀 한 마리가 슬금슬금 그 곁으로 다가가고 있었다. 새는 그 사마귀를 잡아먹으려고 장자가 활을 겨누는 것도 몰랐던 것이다. 그런데 그 밤나무 숲의 주인은 장자가 밤도둑인 줄 알고 발소리를 죽여 그 뒤에서 다가들었다.